Poems

Alexander Pushkin

ПОЭМЫ

Алекса́ндр Пу́шкин

Poems

ISNB: 978-1-61895-246-2

Поэмы

ISNB: 978-1-61895-246-2

РУСЛАН И ЛЮДМИЛА

ПОСВЯЩЕНИЕ

Для вас, души моей царицы,
Красавицы, для вас одних
Времен минувших небылицы,
В часы досугов золотых,
Под шопот старины болтливой,
Рукою верной я писал;
Примите ж вы мой труд игривый!
Ничьих не требуя похвал,
Счастлив уж я надеждой сладкой,
Что дева с трепетом любви
Посмотрит, может быть, украдкой
На песни грешные мои.

ПЕСНЬ ПЕРВАЯ

У лукоморья дуб зеленый,
Златая цепь на дубе том:
И днем и ночью кот ученый
Всё ходит по цепи кругом;
Идет направо - песнь заводит,
Налево - сказку говорит.

Там чудеса: там леший бродит,
Русалка на ветвях сидит;
Там на неведомых дорожках
Следы невиданных зверей;
Избушка там на курьих ножках
Стоит без окон, без дверей;
Там лес и дол видений полны;
Там о заре прихлынут волны
На брег песчаный и пустой,
И тридцать витязей прекрасных;

Чредой из вод выходят ясных,
И с ними дядька их морской;
Там королевич мимоходом
Пленяет грозного царя;
Там в облаках перед народом
Через леса, через моря
Колдун несет богатыря;
В темнице там царевна тужит,
А бурый волк ей верно служит;
Там ступа с Бабою Ягой
Идет, бредет сама собой;
Там царь Кащей над златом чахнет;
Там русской дух... там Русью пахнет!
И там я был, и мед я пил;
У моря видел дуб зеленый;
Под ним сидел, и кот ученый
Свои мне сказки говорил.
Одну я помню: сказку эту
Поведаю теперь я свету...

Дела давно минувших дней,
Преданья старины глубокой.

В толпе могучих сыновей,
С друзьями, в гриднице высокой
Владимир-солнце пировал;
Меньшую дочь он выдавал
За князя храброго Руслана
И мед из тяжкого стакана
За их здоровье выпивал.
Не скоро ели предки наши,
Не скоро двигались кругом
Ковши, серебряные чаши
С кипящим пивом и вином.
Они веселье в сердце лили,
Шипела пена по краям,
Их важно чашники носили
И низко кланялись гостям.

Слилися речи в шум невнятный:
Жужжит гостей веселый круг;
Но вдруг раздался глас приятный

И звонких гуслей беглый звук;
Все смолкли, слушают Баяна:
И славит сладостный певец
Людмилу-прелесть и Руслана
И Лелем свитый им венец.

Но, страстью пылкой утомленный,
Не ест, не пьет Руслан влюбленный;
На друга милого глядит,
Вздыхает, сердится, горит
И, щипля ус от нетерпенья,
Считает каждые мгновенья.
В уныньи, с пасмурным челом,
За шумным, свадебным столом
Сидят три витязя младые;
Безмолвны, за ковшом пустым,
Забыли кубки круговые,
И брашна неприятны им;
Не слышат вещего Баяна;
Потупили смущенный взгляд:
То три соперника Руслана;
В душе несчастные таят
Любви и ненависти яд.
Один - Рогдай, воитель смелый,
Мечом раздвинувший пределы
Богатых киевских полей;
Другой - Фарлаф, крикун надменный,
В пирах никем не побежденный,
Но воин скромный средь мечей;
Последний, полный страстной думы,
Младой хазарский хан Ратмир:
Все трое бледны и угрюмы,
И пир веселый им не в пир.

Вот кончен он; встают рядами,
Смешались шумными толпами,
И все глядят на молодых:
Невеста очи опустила,
Как будто сердцем приуныла,
И светел радостный жених.
Но тень объемлет всю природу,
Уж близко к полночи глухой;

Бояре, задремав от меду,
С поклоном убрались домой.
Жених в восторге, в упоенье:
Ласкает он в воображенье
Стыдливой девы красоту;
Но с тайным, грустным умиленьем
Великий князь благословеньем
Дарует юную чету.

И вот невесту молодую
Ведут на брачную постель;
Огни погасли... и ночную
Лампаду зажигает Лель.
Свершились милые надежды,
Любви готовятся дары;
Падут ревнивые одежды
На цареградские ковры...
Вы слышите ль влюбленный шопот
И поцелуев сладкий звук
И прерывающийся ропот
Последней робости?... Супруг
Восторги чувствует заране;
И вот они настали... Вдруг
Гром грянул, свет блеснул в тумане,
Лампада гаснет, дым бежит,
Кругом всё смерклось, всё дрожит,
И замерла душа в Руслане. . .
Всё смолкло. В грозной тишине
Раздался дважды голос странный,
И кто-то в дымной глубине
Взвился чернее мглы туманной.
И снова терем пуст и тих;
Встает испуганный жених,
С лица катится пот остылый;
Трепеща, хладною рукой
Он вопрошает мрак немой...
О горе: нет подруги милой!
Хватает воздух он пустой;
Людмилы нет во тьме густой,
Похищена безвестной силой.

Ах, если мученик любви
Страдает страстью безнадежно;
Хоть грустно жить, друзья мои,
Однако жить еще возможно.
Но после долгих, долгих лет
Обнять влюбленную подругу,
Желаний, слез, тоски предмет,
И вдруг минутную супругу
Навек утратить... о друзья,
Конечно лучше б умер я!

Однако жив Руслан несчастный.
Но что сказал великий князь?
Сраженный вдруг молвой ужасной,
На зятя гневом распалясь,
Его и двор он созывает:
"Где, где Людмила?" - вопрошает
С ужасным, пламенным челом.
Руслан не слышит. "Дети, други!
Я помню прежние заслуги:
О, сжальтесь вы над стариком!
Скажите, кто из вас согласен
Скакать за дочерью моей?
Чей подвиг будет не напрасен,
Тому - терзайся, плачь, злодей!
Не мог сберечь жены своей! -
Тому я дам ее в супруги
С полцарством прадедов моих.
Кто ж вызовется, дети, други?.."
"Я", - молвил горестный жених.
"Я! я!" - воскликнули с Рогдаем
Фарлаф и радостный Ратмир:
"Сейчас коней своих седлаем;
Мы рады весь изъездить мир.
Отец наш, не продлим разлуки;
Не бойся: едем за княжной".
И с благодарностью немой
В слезах к ним простирает руки
Старик, измученный тоской.

Все четверо выходят вместе;
Руслан уныньем как убит;

Мысль о потерянной невесте
Его терзает и мертвит.
Садятся на коней ретивых;
Вдоль берегов Днепра счастливых
Летят в клубящейся пыли;
Уже скрываются вдали;
Уж всадников не видно боле...
Но долго всё еще глядит
Великий князь в пустое поле
И думой им вослед летит.

Руслан томился молчаливо,
И смысл и память потеряв.
Через плечо глядя спесиво
И важно подбочась, Фарлаф
Надувшись ехал за Русланом.
Он говорит: "насилу я
На волю вырвался, друзья!
Ну, скоро ль встречусь с великаном?
Уж то-то крови будет течь,
Уж то-то жертв любви ревнивой!
Повеселись, мой верный меч,
Повеселись, мой конь ретивый!"

Хазарский хан, в уме своем
Уже Людмилу обнимая,
Едва не пляшет над седлом;
В нем кровь играет молодая
Огня надежды полон взор;
То скачет он во весь опор,
То дразнит бегуна лихого,
Кружит, подъемлет на дыбы,
Иль дерзко мчит на холмы снова.

Рогдай угрюм, молчит - ни слова...
Страшась неведомой судьбы
И мучась ревностью напрасной,
Всех больше беспокоен он,
И часто взор его ужасный
На князя мрачно устремлен.

6

Соперники одной дорогой
Все вместе едут целый день.
Днепра стал темен брег отлогой;
С востока льется ночи тень;
Туманы над Днепром глубоким;
Пора коням их отдохнуть.
Вот под горой путем широким
Широкий пересекся путь.
"Разъедемся, пора! - сказали,
Безвестной вверимся судьбе".
И каждый конь, не чуя стали,
По воле путь избрал себе.

Что делаешь, Руслан несчастный,
Один в пустынной тишине?
Людмилу, свадьбы день ужасный,
Всё, мнится, видел ты во сне.
На брови медный шлем надвинув,
Из мощных рук узду покинув,
Ты шагом едешь меж полей,
И медленно в душе твоей
Надежда гибнет, гаснет вера.

Но вдруг пред витязем пещера;
В пещере свет. Он прямо к ней
Идет под дремлющие своды,
Ровесники самой природы.
Вошел с уныньем: что же зрит?
В пещере старец; ясный вид,
Спокойный взор, брада седая;
Лампада перед ним горит;
За древней книгой он сидит,
Ее внимательно читая.
"Добро пожаловать, мой сын! -
Сказал с улыбкой он Руслану:
Уж двадцать лет я здесь один
Во мраке старой жизни вяну;
Но наконец дождался дня,
Давно предвиденного мною.
Мы вместе сведены судьбою;
Садись и выслушай меня.
Руслан, лишился ты Людмилы;

Твой твердый дух теряет силы;
Но зла промчится быстрый миг:
На время рок тебя постиг.
С надеждой, верою веселой
Иди на всё, не унывай;
Вперед! мечом и грудью смелой
Свой путь на полночь пробивай.

Узнай, Руслан: твой оскорбитель
Волшебник страшный Черномор,
Красавиц давний похититель,
Полнощных обладатель гор.
Еще ничей в его обитель
Не проникал доныне взор;
Но ты, злых козней истребитель,
В нее ты вступишь, и злодей
Погибнет от руки твоей.
Тебе сказать не должен боле:
Судьба твоих грядущих дней,
Мой сын, в твоей отныне воле".

Наш витязь старцу пал к ногам
И в радости лобзает руку.
Светлеет мир его очам,
И сердце позабыло муку.
Вновь ожил он; и вдруг опять
На вспыхнувшем лице кручина...
"Ясна тоски твоей причина;
Но грусть не трудно разогнать, -
Сказал старик: тебе ужасна
Любовь седого колдуна;
Спокойся, знай: она напрасна
И юной деве не страшна.
Он звезды сводит с небосклона,
Он свистнет - задрожит луна;
Но против времени закона
Его наука не сильна.
Ревнивый, трепетный хранитель
Замков безжалостных дверей,
Он только немощный мучитель
Прелестной пленницы своей.
Вокруг нее он молча бродит,

Клянет жестокий жребий свой...
Но, добрый витязь, день проходит,
А нужен для тебя покой".

Руслан на мягкий мох ложится
Пред умирающим огнем;
Он ищет позабыться сном,
Вздыхает, медленно вертится..
Напрасно! Витязь наконец:
"Не спится что-то, мой отец!
Что делать: болен я душою,
И сон не в сон, как тошно жить.
Позволь мне сердце освежить
Твоей беседою святою.
Прости мне дерзостный вопрос,
Откройся: кто ты, благодатный
Судьбы наперсник непонятный
В пустыню кто тебя занес?"

Вздохнув с улыбкою печальной,
Старик в ответ: "любезный сын,
Уж я забыл отчизны дальной
Угрюмый край. Природный финн,
В долинах, нам одним известных,
Гоняя стадо сел окрестных,
В беспечной юности я знал
Одни дремучие дубравы,
Ручьи, пещеры наших скал
Да дикой бедности забавы.
Но жить в отрадной тишине
Дано не долго было мне.

Тогда близ нашего селенья,
Как милый цвет уединенья,
Жила Наина. Меж подруг
Она гремела красотою.
Однажды утренней порою
Свои стада на темный луг
Я гнал, волынку надувая;
Передо мной шумел поток.
Одна, красавица младая
На берегу плела венок.

9

Меня влекла моя судьбина...
Ах, витязь, то была Наина!
Я к ней - и пламень роковой
За дерзкий взор мне был наградой,
И я любовь узнал душой
С ее небесною отрадой,
С ее мучительной тоской.

Умчалась года половина;
Я с трепетом открылся ей,
Сказал: люблю тебя, Наина.
Но робкой горести моей
Наина с гордостью внимала,
Лишь прелести свои любя,
И равнодушно отвечала:
"Пастух, я не люблю тебя!"

И всё мне дико, мрачно стало:
Родная куща, тень дубров,
Веселы игры пастухов -
Ничто тоски не утешало.
В уныньи сердце сохло, вяло.
И наконец задумал я
Оставить финские поля;
Морей неверные пучины
С дружиной братской переплыть,
И бранной славой заслужить
Вниманье гордое Наины.
Я вызвал смелых рыбаков
Искать опасностей и злата.
Впервые тихий край отцов
Услышал бранный звук булата
И шум немирных челноков.
Я вдаль уплыл, надежды полный,
С толпой бесстрашных земляков;
Мы десять лет снега и волны
Багрили кровию врагов.
Молва неслась: цари чужбины
Страшились дерзости моей;
Их горделивые дружины
Бежали северных мечей.
Мы весело, мы грозно бились,

Делили дани и дары,
И с побежденными садились
За дружелюбные пиры.
Но сердце, полное Наиной,
Под шумом битвы и пиров,
Томилось тайною кручиной,
Искало финских берегов.
Пора домой, сказал я, други!
Повесим праздные кольчуги
Под сенью хижины родной.
Сказал - и весла зашумели;
И, страх оставя за собой,
В залив отчизны дорогой
Мы с гордой радостью влетели.

Сбылись давнишние мечты,
Сбылися пылкие желанья!
Минута сладкого свиданья,
И для меня блеснула ты!
К ногам красавицы надменной
Принес я меч окровавленный,
Кораллы, злато и жемчуг;
Пред нею, страстью упоенный,
Безмолвным роем окруженный
Ее завистливых подруг,
Стоял я пленником послушным;
Но дева скрылась от меня,
Примолвя с видом равнодушным:
"Герой, я не люблю тебя!"

К чему рассказывать, мой сын,
Чего пересказать нет силы?
Ах, и теперь один, один,
Душой уснув, в дверях могилы,
Я помню горесть, и порой,
Как о минувшем мысль родится,
По бороде моей седой
Слеза тяжелая катится.

Но слушай: в родине моей
Между пустынных рыбарей
Наука дивная таится.

Под кровом вечной тишины,
Среди лесов, в глуши далекой
Живут седые колдуны;
К предметам мудрости высокой
Все мысли их устремлены;
Всё слышит голос их ужасный,
Что было и что будет вновь,
И грозной воле их подвластны
И гроб и самая любовь.

И я, любви искатель жадный,
Решился в грусти безотрадной
Наину чарами привлечь
И в гордом сердце девы хладной
Любовь волшебствами зажечь.
Спешил в объятия свободы,
В уединенный мрак лесов;
И там, в ученьи колдунов,
Провел невидимые годы.
Настал давно желанный миг,
И тайну страшную природы
Я светлой мыслию постиг:
Узнал я силу заклинаньям.
Венец любви, венец желаньям!
Теперь, Наина, ты моя!
Победа наша, думал я.
Но в самом деле победитель
Был рок, упорный мой гонитель.

В мечтах надежды молодой,
В восторге пылкого желанья,
Творю поспешно заклинанья,
Зову духов - и в тьме лесной
Стрела промчалась громовая,
Волшебный вихорь поднял вой,
Земля вздрогнула под ногой...
И вдруг сидит передо мной
Старушка дряхлая, седая,
Глазами впалыми сверкая,
С горбом, с трясучей головой,
Печальной ветхости картина.
Ах, витязь, то была Наина!..

12

Я ужаснулся и молчал,
Глазами страшный призрак мерил,
В сомненьи всё еще не верил
И вдруг заплакал, закричал:
Возможно ль! ах, Наина, ты ли!
Наина, где твоя краса?
Скажи, ужели небеса
Тебя так страшно изменили?
Скажи, давно ль, оставя свет,
Расстался я с душой и с милой?
Давно ли?.. "Ровно сорок лет, -
Был девы роковой ответ: -
Сегодня семьдесят мне било.
Что делать, - мне пищит она, -
Толпою годы пролетели,
Прошла моя, твоя весна -
Мы оба постареть успели.
Но, друг, послушай: не беда
Неверной младости утрата.
Конечно, я теперь седа,
Немножко, может быть, горбата;
Не то, что встарину была,
Не так жива, не так мила;
Зато (прибавила болтунья)
Открою тайну: я колдунья!"

И было в самом деле так.
Немой, недвижный перед нею,
Я совершенный был дурак
Со всей премудростью моею.

Но вот ужасно: колдовство
Вполне свершилось по несчастью.
Мое седое божество
Ко мне пылало новой страстью.
Скривив улыбкой страшный рот,
Могильным голосом урод
Бормочет мне любви признанье.
Вообрази мое страданье!
Я трепетал, потупя взор;
Она сквозь кашель продолжала
Тяжелый, страстный разговор:

13

"Так, сердце я теперь узнала;
Я вижу, верный друг, оно
Для нежной страсти рождено;
Проснулись чувства, я сгораю
Томлюсь желаньями любви...
Приди в объятия мои...
О милый, милый! умираю..."

И между тем она, Руслан,
Мигала томными глазами;
И между тем за мой кафтан
Держалась тощими руками;
И между тем - я обмирал,
От ужаса, зажмуря очи;
И вдруг терпеть не стало мочи;
Я с криком вырвался, бежал.
Она вослед: "о, недостойный!
Ты возмутил мой век спокойный,
Невинной девы ясны дни!
Добился ты любви Наины,
И презираешь - вот мужчины!
Изменой дышат все они!
Увы, сама себя вини;
Он обольстил меня, несчастный!
Я отдалась любови страстной...
Изменник, изверг! о позор!
Но трепещи, девичий вор!"

Так мы расстались. С этих пор
Живу в моем уединенье
С разочарованной душой;
И в мире старцу утешенье
Природа, мудрость и покой.
Уже зовет меня могила;
Но чувства прежние свои
Еще старушка не забыла
И пламя позднее любви
С досады в злобу превратила.
Душою черной зло любя,
Колдунья старая конечно
Возненавидит и тебя;
Но горе на земле не вечно".

Наш витязь с жадностью внимал
Рассказы старца: ясны очи
Дремотой легкой не смыкал
И тихого полета ночи
В глубокой думе не слыхал.
Но день блистает лучезарный...
Со вздохом витязь благодарный
Объемлет старца-колдуна;
Душа надеждою полна;
Выходит вон. Ногами стиснул
Руслан заржавшего коня,
В седле оправился, присвистнул.
"Отец мой, не оставь меня".
И скачет по пустому лугу.
Седой мудрец младому другу
Кричит вослед: "счастливый путь!
Прости, люби свою супругу,
Советов старца не забудь!"

ПЕСНЬ ВТОРАЯ

Соперники в искусстве брани,
Не знайте мира меж собой;
Несите мрачной славе дани,
И упивайтеся враждой!
Пусть мир пред вами цепенеет,
Дивяся грозным торжествам:
Никто о вас не пожалеет,
Никто не помешает вам.
Соперники другого рода,
Вы, рыцари парнасских гор,
Старайтесь не смешить народа
Нескромным шумом ваших ссор;
Бранитесь - только осторожно.
Но вы, соперники в любви,
Живите дружно, если можно!
Поверьте мне, друзья мои:
Кому судьбою непременной

Девичье сердце суждено,
Тот будет мил на зло вселенной;
Сердиться глупо и грешно.

    Когда Рогдай неукротимый,
Глухим предчувствием томимый,
Оставя спутников своих,
Пустился в край уединенный
И ехал меж пустынь лесных,
В глубоку думу погруженный.
Злой дух тревожил и смущал
Его тоскующую душу,
И витязь пасмурный шептал:
"Убью!.. преграды все разрушу...
Руслан!.. узнаешь ты меня...
Теперь-то девица поплачет..."
И вдруг, поворотив коня,
Во весь опор назад он скачет.

    В то время доблестный Фарлаф,
Всё утро сладко продремав,
Укрывшись от лучей полдневных,
У ручейка, наедине,
Для подкрепленья сил душевных,
Обедал в мирной тишине.
Как вдруг, он видит: кто-то в поле,
Как буря, мчится на коне;
И, времени не тратя боле,
Фарлаф, покинув свой обед,
Копье, кольчугу, шлем, перчатки
Вскочил в седло и без оглядки
Летит - а тот за ним вослед.
"Остановись, беглец бесчестный! -
Кричит Фарлафу неизвестный. -
Презренный, дай себя догнать!
Дай голову с тебя сорвать!"
Фарлаф, узнавши глас Рогдая,
Со страха скорчась, обмирал,
И, верной смерти ожидая,
Коня еще быстрее гнал.
Так точно заяц торопливый,
Прижавши уши боязливо,

По кочкам, полем, сквозь леса
Скачками мчится ото пса.
На месте славного побега
Весной растопленного снега
Потоки мутные текли
И рыли влажну грудь земли.
Ко рву примчался конь ретивый,
Взмахнул хвостом и белой гривой,
Бразды стальные закусил
И через ров перескочил;
Но робкий всадник вверх ногами
Свалился тяжко в грязный ров,
Земли не взвидел с небесами
И смерть принять уж был готов.
Рогдай к оврагу подлетает;
Жестокий меч уж занесен;
"Погибни, трус! умри!" вещает...
Вдруг узнает Фарлафа он;
Глядит, и руки опустились;
Досада, изумленье, гнев
В его чертах изобразились;
Скрипя зубами, онемев,
Герой, с поникшею главою
Скорей отъехав ото рва,
Бесился... но едва, едва
Сам не смеялся над собою.

Тогда он встретил под горой
Старушечку чуть-чуть живую,
Горбатую, совсем седую.
Она дорожною клюкой
Ему на север указала.
"Ты там найдешь его", сказала.
Рогдай весельем закипел
И к верной смерти полетел.

А наш Фарлаф? Во рву остался,
Дохнуть не смея; про себя
Он, лежа, думал: жив ли я?
Куда соперник злой девался?
Вдруг слышит прямо над собой
Старухи голос гробовой:

17

"Встань, молодец: все тихо в поле,
Ты никого не встретишь боле;
Я привела тебе коня;
Вставай, послушайся меня".

Смущенный витязь поневоле
Ползком оставил грязный ров;
Окрестность робко озирая,
Вздохнул и молвил оживая:
"Ну, слава богу, я здоров!"

"Поверь! - старуха продолжала: -
Людмилу мудрено сыскать;
Она далеко забежала;
Не нам с тобой ее достать.
Опасно разъезжать по свету;
Ты, право, будешь сам не рад.
Последуй моему совету,
Ступай тихохонько назад.
Под Киевом, в уединенье,
В своем наследственном селенье
Останься лучше без забот:
От нас Людмила не уйдет".

Сказав, исчезла. В нетерпенье
Благоразумный наш герой
Тотчас отправился домой,
Сердечно позабыв о славе
И даже о княжне младой;
И шум малейший по дубраве
Полет синицы, ропот вод
Его бросали в жар и в пот.

Меж тем Руслан далеко мчится;
В глуши лесов, в глуши полей
Привычной думою стремится
К Людмиле, радости своей,
И говорит: "найду ли друга?
Где ты, души моей супруга?
Увижу ль я твой светлый взор?
Услышу ль нежный разговор?
Иль суждено, чтоб чародея

Ты вечной пленницей была
И, скорбной девою старея,
В темнице мрачной отцвела?
Или соперник дерзновенный
Придет?.. Нет, нет, мой друг бесценный:
Еще при мне мой верный меч,
Еще глава не пала с плеч".

Однажды, темною порою,
По камням берегом крутым
Наш витязь ехал над рекою.
Всё утихало. Вдруг за ним
Стрелы мгновенное жужжанье,
Кольчуги звон и крик и ржанье
И топот по полю глухой.
"Стой!" грянул голос громовой.
Он оглянулся: в поле чистом,
Подняв копье, летит со свистом
Свирепый всадник, и грозой
Помчался князь ему навстречу.
"Ага! догнал тебя! постой! -
Кричит наездник удалой: -
Готовься, друг, на смертну сечу;
Теперь ложись средь здешних мест;
А там ищи своих невест".
Руслан вспылал, вздрогнул от гнева;
Он узнает сей буйный глас...

Друзья мои! а наша дева?
Оставим витязей на час;
О них опять я вспомню вскоре.
А то давно пора бы мне
Подумать о младой княжне
И об ужасном Черноморе.

Моей причудливой мечты
Наперсник иногда нескромный
Я рассказал, как ночью темной
Людмилы нежной красоты
От воспаленного Руслана
Сокрылись вдруг среди тумана.
Несчастная! когда злодей,

Рукою мощною своей
Тебя сорвав с постели брачной,
Взвился, как вихорь, к облакам
Сквозь тяжкий дым и воздух мрачный
И вдруг умчал к своим горам -
Ты чувств и памяти лишилась
И в страшном замке колдуна,
Безмолвна, трепетна, бледна,
В одно мгновенье очутилась.

С порога хижины моей
Так видел я, средь летних дней,
Когда за курицей трусливой
Султан курятника спесивый,
Петух мой по двору бежал
И сладострастными крылами
Уже подругу обнимал;
Над ними хитрыми кругами
Цыплят селенья старый вор,
Прияв губительные меры,
Носился, плавал коршун серый
И пал как молния на двор.
Взвился, летит. В когтях ужасных
Во тьму расселин безопасных
Уносит бедную злодей.
Напрасно, горестью своей
И хладным страхом пораженный
Зовет любовницу петух...
Он видит лишь летучий пух,
Летучим ветром занесенный.

До утра юная княжна
Лежала, тягостным забвеньем,
Как будто страшным сновиденьем,
Объята - наконец она
Очнулась, пламенным волненьем
И смутным ужасом полна;
Душой летит за наслажденьем,
Кого-то ищет с упоеньем;
"Где ж милый, - шепчет, - где супруг?"
Зовет и помертвела вдруг.
Глядит с боязнию вокруг.

20

Людмила, где твоя светлица?
Лежит несчастная девица
Среди подушек пуховых,
Под гордой сенью балдахина;
Завесы, пышная перина
В кистях, в узорах дорогих;
Повсюду ткани парчевые;
Играют яхонты, как жар;
Кругом курильницы златые
Подъемлют ароматный пар;
Довольно... благо мне не надо
Описывать волшебный дом;
Уже давно Шехеразада
Меня предупредила в том.
Но светлый терем не отрада,
Когда не видим друга в нем.

Три девы, красоты чудесной,
В одежде легкой и прелестной
Княжне явились, подошли
И поклонились до земли.
Тогда неслышными шагами
Одна поближе подошла;
Княжне воздушными перстами
Златую косу заплела
С искусством, в наши дни не новым,
И обвила венцом перловым
Окружность бледного чела.
За нею, скромно взор склоняя,
Потом приближилась другая;
Лазурный, пышный сарафан
Одел Людмилы стройный стан;
Покрылись кудри золотые,
И грудь, и плечи молодые
Фатой, прозрачной, как туман.
Покров завистливый лобзает
Красы, достойные небес,
И обувь легкая сжимает
Две ножки, чудо из чудес.
Княжне последняя девица
Жемчужный пояс подает.
Меж тем незримая певица

Веселы песни ей поет.
Увы, ни камни ожерелья,
Ни сарафан, ни перлов ряд,
Ни песни лести и веселья
Ее души не веселят;
Напрасно зеркало рисует
Ее красы, ее наряд;
Потупя неподвижный взгляд,
Она молчит, она тоскует.

Те, кои, правду возлюбя,
На темном сердца дне читали,
Конечно знают про себя,
Что если женщина в печали
Сквозь слез, украдкой, как-нибудь,
На зло привычке и рассудку,
Забудет в зеркало взглянуть -
То грустно ей уж не на шутку.

Но вот Людмила вновь одна.
Не зная, что начать, она
К окну решетчату подходит,
И взор ее печально бродит
В пространстве пасмурной дали.
Всё мертво. Снежные равнины
Коврами яркими легли;
Стоят угрюмых гор вершины
В однообразной белизне
И дремлют в вечной тишине;
Кругом не видно дымной кровли,
Не видно путника в снегах,
И звонкий рог веселой ловли
В пустынных не трубит горах;
Лишь изредка с унылым свистом
Бунтует вихорь в поле чистом
И на краю седых небес
Качает обнаженный лес.

В слезах отчаянья, Людмила
От ужаса лицо закрыла.
Увы, что ждет ее теперь!
Бежит в серебряную дверь;

Она с музыкой отворилась,
И наша дева очутилась
В саду. Пленительный предел:
Прекраснее садов Армиды
И тех, которыми владел
Царь Соломон иль князь Тавриды.
Пред нею зыблются, шумят
Великолепные дубровы;
Аллеи пальм и лес лавровый,
И благовонных миртов ряд,
И кедров гордые вершины,
И золотые апельсины
Зерцалом вод отражены;
Пригорки, рощи и долины
Весны огнем оживлены;
С прохладой вьется ветер майский
Средь очарованных полей,
И свищет соловей китайский
Во мраке трепетных ветвей;
Летят алмазные фонтаны
С веселым шумом к облакам;
Под ними блещут истуканы
И, мнится, живы; Фидий сам,
Питомец Феба и Паллады,
Любуясь ими, наконец,
Свой очарованный резец
Из рук бы выронил с досады.
Дробясь о мраморны преграды,
Жемчужной, огненной дугой
Валятся, плещут водопады;
И ручейки в тени лесной
Чуть вьются сонною волной.
Приют покоя и прохлады,
Сквозь вечну зелень здесь и там
Мелькают светлые беседки;
Повсюду роз живые ветки
Цветут и дышат по тропам.
Но безутешная Людмила
Идет, идет и не глядит;
Волшебства роскошь ей постыла,
Ей грустен неги светлый вид;
Куда, сама не зная, бродит,

23

Волшебный сад кругом обходит,
Свободу горьким дав слезам,
И взоры мрачные возводит
К неумолимым небесам.
Вдруг осветился взор прекрасный;
К устам она прижала перст;
Казалось, умысел ужасный
Рождался... Страшный путь отверст:
Высокий мостик над потоком
Пред ней висит на двух скалах;
В уныньи тяжком и глубоком
Она подходит - и в слезах
На воды шумные взглянула,
Ударила, рыдая, в грудь,
В волнах решилась утонуть
Однако в воды не прыгнула
И дале продолжала путь.

    Моя прекрасная Людмила,
По солнцу бегая с утра,
Устала, слезы осушила,
В душе подумала: пора!
На травку села, оглянулась -
И вдруг над нею сень шатра,
Шумя, с прохладой развернула
Обед роскошный перед ней;
Прибор из яркого кристалла:
И в тишине из-за ветвей
Незрима арфа заиграла.
Дивится пленная княжна,
Но втайне думает она:
"Вдали от милого, в неволе,
Зачем мне жить на свете боле?
О ты, чья гибельная страсть
Меня терзает и лелеет,
Мне не страшна злодея власть
Людмила умереть умеет!
Не нужно мне твоих шатров,
Ни скучных песен, ни пиров -
Не стану есть, не буду слушать,
Умру среди твоих садов!"
Подумала - и стала кушать.

Княжна встает, и вмиг шатер,
И пышной роскоши прибор,
И звуки арфы... все пропало;
Попрежнему все тихо стало;
Людмила вновь одна в садах
Скитается из рощи в рощи;
Меж тем в лазурных небесах
Плывет луна, царица нощи,
Находит мгла со всех сторон
И тихо на холмах почила;
Княжну невольно клонит сон,
И вдруг неведомая сила
Нежней, чем вешний ветерок,
Ее на воздух поднимает,
Несет по воздуху в чертог
И осторожно опускает
Сквозь фимиам вечерних роз
На ложе грусти, ложе слез.
Три девы вмиг опять явились
И вкруг нее засуетились,
Чтоб на ночь пышный снять;
Но их унылый, смутный взор
И принужденное молчанье
Являли втайне состраданье
И немощный судьбам укор.
Но поспешим: рукой их нежной
Раздета сонная княжна;
Прелестна прелестью небрежной,
В одной сорочке белоснежной
Ложится почивать она.
Со вздохом девы поклонились,
Скорей как можно удалились
И тихо притворили дверь.
Что ж наша пленница теперь!
Дрожит как лист, дохнуть не смеет;
Хладеют перси, взор темнеет;
Мгновенный сон от глаз бежит;
Не спит, удвоила вниманье,
Недвижно в темноту глядит...
Всё мрачно, мертвое молчанье!
Лишь сердца слышит трепетанье...
И мнится... шепчет тишина;

Идут - идут к ее постеле;
В подушки прячется княжна -
И вдруг... о страх!.. и в самом деле
Раздался шум; озарена
Мгновенным блеском тьма ночная,
Мгновенно дверь отворена;
Безмолвно, гордо выступая,
Нагими саблями сверкая,
Арапов длинный ряд идет
Попарно, чинно, сколь возможно,
И на подушках осторожно
Седую бороду несет;
И входит с важностью за нею,
Подъяв величественно шею,
Горбатый карлик из дверей:
Его-то голове обритой,
Высоким колпаком покрытой,
Принадлежала борода.
Уж он приближился: тогда
Княжна с постели соскочила,
Седого карлу за колпак
Рукою быстрой ухватила,
Дрожащий занесла кулак
И в страхе завизжала так,
Что всех арапов оглушила.
Трепеща, скорчился бедняк,
Княжны испуганной бледнее;
Зажавши уши поскорее,
Хотел бежать, но в бороде
Запутался, упал и бьется;
Встает, упал; такой беде
Арапов черный рой мятется,
Шумят, толкаются, бегут,
Хватают колдуна в охапку
И вон распутывать несут,
Оставя у Людмилы шапку.

Но что-то добрый витязь наш?
Вы помните ль неждану встречу?
Бери свой быстрый карандаш,
Рисуй, Орловский, ночь и сечу!
При свете трепетном луны,

Сразились витязи жестоко;
Сердца их гневом стеснены,
Уж копья брошены далеко,
Уже мечи раздроблены,
Кольчуги кровию покрыты,
Щиты трещат, в куски разбиты...
Они схватились на конях;
Взрывая к небу черный прах,
Под ними борзы кони бьются;
Борцы, недвижно сплетены,
Друг друга стиснув, остаются,
Как бы к седлу пригвождены;
Их члены злобой сведены;
Переплелись и костенеют;
По жилам быстрый огнь бежит;
На вражьей груди грудь дрожит -
И вот колеблются, слабеют -
Кому-то пасть... вдруг витязь мой,
Вскипев, железною рукой
С седла наездника срывает,
Подъемлет, держит над собой
И в волны с берега бросает.
"Погибни! - грозно восклицает; -
Умри, завистник злобный мой!"

Ты догадался, мой читатель,
С кем бился доблестный Руслан:
То был кровавых битв искатель,
Рогдай, надежда киевлян,
Людмилы мрачный обожатель.
Он вдоль днепровских берегов
Искал соперника следов;
Нашел, настиг, но прежня сила
Питомцу битвы изменила,
И Руси древний удалец
В пустыне свой нашел конец.
И слышно было, что Рогдая
Тех вод русалка молодая
На хладны перси приняла
И, жадно витязя лобзая,
На дно со смехом увлекла,
И долго после, ночью темной,

27

Бродя близ тихих берегов,
Богатыря призрак огромный
Пугал пустынных рыбаков.

ПЕСНЬ ТРЕТИЯ

Напрасно вы в тени таились
Для мирных, счастливых друзей,
Стихи мои! Вы не сокрылись
От гневных зависти очей.
Уж бледный критик, ей в услугу,
Вопрос мне сделал роковой:
Зачем Русланову подругу,
Как бы на смех ее супругу,
Зову и девой и княжной?
Ты видишь, добрый мой читатель,
Тут злобы черную печать!
Скажи, Зоил, скажи, предатель,
Ну как и что мне отвечать?
Красней, несчастный, бог с тобою!
Красней, я спорить не хочу;
Довольный тем, что прав душою,
В смиренной кротости молчу.
Но ты поймешь меня, Климена,
Потупишь томные глаза,
Ты, жертва скучного Гимена...
Я вижу: тайная слеза
Падет на стих мой, сердцу внятный;
Ты покраснела, взор погас;
Вздохнула молча... вздох понятный!
Ревнивец: бойся, близок час;
Амур с Досадой своенравной
Вступили в смелый заговор,
И для главы твоей бесславной
Готов уж мстительный убор.

Уж утро хладное сияло
На темени полнощных гор;

Но в дивном замке всё молчало.
В досаде скрытой Черномор,
Без шапки, в утреннем халате,
Зевал сердито на кровати.
Вокруг брады его седой
Рабы толпились молчаливы,
И нежно гребень костяной
Расчесывал ее извивы;
Меж тем, для пользы и красы,
На бесконечные усы
Лились восточны ароматы,
И кудри хитрые вились;
Как вдруг, откуда ни возьмись,
В окно влетает змий крылатый:
Гремя железной чешуей,
Он в кольца быстрые согнулся
И вдруг Наиной обернулся
Пред изумленною толпой.
"Приветствую тебя, - сказала, -
Собрат, издавна чтимый мной!
Досель я Черномора знала
Одною громкою молвой;
Но тайный рок соединяет
Теперь нас общею враждой;
Тебе опасность угрожает,
Нависла туча над тобой;
И голос оскорбленной чести
Меня к отмщению зовет".

Со взором, полным хитрой лести
Ей карла руку подает,
Вещая: "дивная Наина!
Мне драгоценен твой союз.
Мы посрамим коварство Финна;
Но мрачных козней не боюсь;
Противник слабый мне не страшен;
Узнай чудесный жребий мой:
Сей благодатной бородой
Недаром Черномор украшен.
Доколь власов ее седых
Враждебный меч не перерубит,
Никто из витязей лихих,

Никто из смертных не погубит
Малейших замыслов моих;
Моею будет век Людмила,
Руслан же гробу обречен!"
И мрачно ведьма повторила:
"Погибнет он! погибнет он!"
Потом три раза прошипела,
Три раза топнула ногой
И черным змием улетела.

Блистая в ризе парчевой,
Колдун, колдуньей ободренный,
Развеселясь, решился вновь
Нести к ногам девицы пленной
Усы, покорность и любовь.
Разряжен карлик бородатый,
Опять идет в ее палаты;
Проходит длинный комнат ряд:
Княжны в них нет. Он дале, в сад,
В лавровый лес, к решетке сада,
Вдоль озера, вкруг водопада,
Под мостики, в беседки... нет!
Княжна ушла, пропал и след!
Кто выразит его смущенье,
И рев, и трепет исступленья?
С досады дня не взвидел он.
Раздался карлы дикий стон:
"Сюда, невольники, бегите!
Сюда, надеюсь я на вас!
Сейчас Людмилу мне сыщите!
Скорее, слышите ль? сейчас!
Не то - шутите вы со мною -
Всех удавлю вас бородою!"

Читатель, расскажу ль тебе,
Куда красавица девалась?
Всю ночь она своей судьбе
В слезах дивилась и - смеялась.
Ее пугала борода,
Но Черномор уж был известен,
И был смешон, а никогда
Со смехом ужас несовместен.

Навстречу утренним лучам
Постель оставила Людмила
И взор невольный обратила
К высоким, чистым зеркалам;
Невольно кудри золотые
С лилейных плеч приподняла;
Невольно волосы густые
Рукой небрежной заплела;
Свои вчерашние наряды
Нечаянно в углу нашла;
Вздохнув, оделась и с досады
Тихонько плакать начала;
Однако с верного стекла
Вздыхая не сводила взора,
И девице пришло на ум,
В волненьи своенравных дум,
Примерить шапку Черномора.
Всё тихо, никого здесь нет;
Никто на девушку не взглянет...
А девушке в семнадцать лет
Какая шапка не пристанет!
Рядиться никогда не лень!
Людмила шапкой завертела;
На брови, прямо, набекрень,
И задом наперед надела.
И что ж? о чудо старых дней!
Людмила в зеркале пропала;
Перевернула - перед ней
Людмила прежняя предстала;
Назад надела - снова нет;
Сняла - я в зеркале! "Прекрасно!
Добро, колдун, добро, мой свет!
Теперь мне здесь уж безопасно;
Теперь избавлюсь от хлопот!"
И шапку старого злодея
Княжна, от радости краснея,
Надела задом наперед.

Но возвратимся же к герою.
Не стыдно ль заниматься нам
Так долго шапкой, бородою,
Руслана поруча судьбам?

Свершив с Рогдаем бой жестокий,
Проехал он дремучий лес;
Пред ним открылся дол широкий
При блеске утренних небес.
Трепещет витязь поневоле:
Он видит старой битвы поле.
Вдали всё пусто; здесь и там
Желтеют кости; по холмам
Разбросаны колчаны, латы;
Где сбруя, где заржавый щит;
В костях руки здесь меч лежит;
Травой оброс там шлем косматый,
И старый череп тлеет в нем;
Богатыря там остов целый
С его поверженным конем
Лежит недвижный; копья, стрелы
В сырую землю вонзены,
И мирный плющ их обвивает...
Ничто безмолвной тишины
Пустыни сей не возмущает,
И солнце с ясной вышины
Долину смерти озаряет.

Со вздохом витязь вкруг себя
Взирает грустными очами.
"О поле, поле, кто тебя
Усеял мертвыми костями?
Чей борзый конь тебя топтал
В последний час кровавой битвы?
Кто на тебе со славой пал?
Чьи небо слышало молитвы?
Зачем же, поле, смолкло ты
И поросло травой забвенья?..
Времен от вечной темноты,
Быть может, нет и мне спасенья!
Быть может, на холме немом
Поставят тихий гроб Русланов,
И струны громкие Баянов
Не будут говорить о нем!"

Но вскоре вспомнил витязь мой,
Что добрый меч герою нужен

И даже панцирь; а герой
С последней битвы безоружен.
Обходит поле он вокруг;
В кустах, среди костей забвенных,
В громаде тлеющих кольчуг,
Мечей и шлемов раздробленных
Себе доспехов ищет он.
Проснулись гул и степь немая,
Поднялся в поле треск и звон;
Он поднял щит, не выбирая,
Нашел и шлем и звонкий рог;
Но лишь меча сыскать не мог.
Долину брани объезжая,
Он видит множество мечей,
Но все легки, да слишком малы,
А князь красавец был не вялый,
Не то, что витязь наших дней.
Чтоб чем-нибудь играть от скуки,
Копье стальное взял он в руки,
Кольчугу он надел на грудь
И далее пустился в путь.

Уж побледнел закат румяный
Над усыпленною землей;
Дымятся синие туманы
И всходит месяц золотой;
Померкла степь. Тропою темной
Задумчив едет наш Руслан
И видит: сквозь ночной туман
Вдали чернеет холм огромный
И что-то страшное храпит.
Он ближе к холму, ближе - слышит:
Чудесный холм как будто дышит.
Руслан внимает и глядит
Бестрепетно, с покойным духом;
Но, шевеля пугливым ухом,
Конь упирается, дрожит,
Трясет упрямой головою,
И грива дыбом поднялась.
Вдруг холм, безоблачной луною
В тумане бледно озарясь,
Яснеет; смотрит храбрый князь -

И чудо видит пред собою.
Найду ли краски и слова?
Пред ним живая голова.
Огромны очи сном объяты;
Храпит, качая шлем пернатый,
И перья в темной высоте,
Как тени, ходят, развеваясь.
В своей ужасной красоте
Над мрачной степью возвышаясь,
Безмолвием окружена,
Пустыни сторож безымянной,
Руслану предстоит она
Громадой грозной и туманной.
В недоуменьи хочет он
Таинственный разрушить сон.
Вблизи осматривая диво,
Объехал голову кругом
И стал пред носом молчаливо;
Щекотит ноздри копием,
И, сморщась, голова зевнула,
Глаза открыла и чихнула...
Поднялся вихорь, степь дрогнула,
Взвилася пыль; с ресниц, с усов,
С бровей слетела стая сов;
Проснулись рощи молчаливы,
Чихнуло эхо - конь ретивый
Заржал, запрыгал, отлетел,
Едва сам витязь усидел,
И вслед раздался голос шумный:
"Куда ты, витязь неразумный?
Ступай назад, я не шучу!
Как раз нахала проглочу!"
Руслан с презреньем оглянулся,
Браздами удержал коня
И с гордым видом усмехнулся.
"Чего ты хочешь от меня? -
Нахмурясь, голова вскричала. -
Вот гостя мне судьба послала!
Послушай, убирайся прочь!
Я спать хочу, теперь уж ночь,
Прощай!" Но витязь знаменитый,
Услыша грубые слова,

Воскликнул с важностью сердитой:
"Молчи, пустая голова!
Слыхал я истину бывало:
Хоть лоб широк, да мозгу мало!
Я еду, еду, не свищу,
А как наеду, не спущу!"

Тогда, от ярости немея,
Стесненной злобой пламенея,
Надулась голова; как жар,
Кровавы очи засверкали;
Напенясь, губы задрожали,
Из уст, ушей поднялся пар -
И вдруг она, что было мочи,
Навстречу князю стала дуть;
Напрасно конь, зажмуря очи,
Склонив главу, натужа грудь,
Сквозь вихорь, дождь и сумрак ночи
Неверный продолжает путь;
Объятый страхом, ослепленный,
Он мчится вновь, изнеможенный,
Далече в поле отдохнуть.
Вновь обратиться витязь хочет -
Вновь отражен, надежды нет!
А голова ему вослед,
Как сумасшедшая, хохочет,
Гремит: "ай, витязь! ай герой!
Куда ты? тише, тише, стой!
Эй, витязь, шею сломишь даром;
Не трусь, наездник, и меня
Порадуй хоть одним ударом,
Пока не заморил коня".
И между тем она героя
Дразнила страшным языком.
Руслан, досаду в сердце кроя;
Грозит ей молча копием,
Трясет его рукой свободной,
И, задрожав, булат холодный
Вонзился в дерзостный язык.
И кровь из бешеного зева
Рекою побежала вмиг.
От удивленья, боли, гнева,

В минуту дерзости лишась,
На князя голова глядела,
Железо грызла и бледнела.
В спокойном духе горячась,
Так иногда средь нашей сцены
Плохой питомец Мельпомены,
Внезапным свистом оглушен,
Уж ничего не видит он,
Бледнеет, ролю забывает,
Дрожит, поникнув головой,
И заикаясь умолкает
Перед насмешливой толпой.
Счастливым пользуясь мгновеньем,
К объятой голове смущеньем,
Как ястреб богатырь летит
С подъятой, грозною десницей
И в щеку тяжкой рукавицей
С размаха голову разит;
И степь ударом огласилась;
Кругом росистая трава
Кровавой пеной обагрилась,
И, зашатавшись, голова
Перевернулась, покатилась,
И шлем чугунный застучал.
Тогда на месте опустелом
Меч богатырский засверкал.
Наш витязь в трепете веселом
Его схватил и к голове
По окровавленной траве
Бежит с намереньем жестоким
Ей нос и уши обрубить;
Уже Руслан готов разить,
Уже взмахнул мечом широким -
Вдруг, изумленный, внемлет он
Главы молящей жалкий стон...
И тихо меч он опускает,
В нем гнев свирепый умирает,
И мщенье бурное падет
В душе, моленьем усмиренной:
Так на долине тает лед,
Лучом полудня пораженный.

"Ты вразумил меня, герой, -
Со вздохом голова сказала: -
Твоя десница доказала,
Что я виновен пред тобой;
Отныне я тебе послушен;
Но, витязь, будь великодушен!
Достоин плача жребий мой.
И я был витязь удалой!
В кровавых битвах супостата
Себе я равного не зрел;
Счастлив, когда бы не имел
Соперником меньшого брата!
Коварный, злобный Черномор,
Ты, ты всех бед моих виною!
Семейства нашего позор,
Рожденный карлой, с бородою,
Мой дивный рост от юных дней
Не мог он без досады видеть
И стал за то в душе своей
Меня, жестокий, ненавидеть.
Я был всегда немного прост,
Хотя высок; а сей несчастный,
Имея самый глупый рост,
Умен как бес - и зол ужасно.
Притом же, знай, к моей беде,
В его чудесной бороде
Таится сила роковая,
И, всё на свете презирая,
Доколе борода цела -
Изменник не страшится зла.
Вот он однажды с видом дружбы
"Послушай, - хитро мне сказал, -
Не откажись от важной службы:
Я в черных книгах отыскал,
Что за восточными горами
На тихих моря берегах,
В глухом подвале, под замками
Хранится меч - и что же? страх!
Я разобрал во тьме волшебной,
Что волею судьбы враждебной
Сей меч известен будет нам;
Что нас он обоих погубит:

Мне бороду мою отрубит,
Тебе главу; суди же сам,
Сколь важно нам приобретенье
Сего созданья злых духов!"
"Ну, что же? где тут затрудненье? -
Сказал я карле, - я готов;
Иду, хоть за пределы света".
И сосну на плечо взвалил,
А на другое для совета
Злодея брата посадил;
Пустился в дальнюю дорогу,
Шагал, шагал и, слава богу,
Как бы пророчеству на зло,
Всё счастливо сначало шло.
За отдаленными горами
Нашли мы роковой подвал;
Я разметал его руками
И потаенный меч достал.
Но нет! судьба того хотела:
Меж нами ссора закипела -
И было, признаюсь, о чем!
Вопрос: кому владеть мечом?
Я спорил, карла горячился;
Бранились долго; наконец
Уловку выдумал хитрец,
Притих и будто бы смягчился.
"Оставим бесполезный спор, -
Сказал мне важно Черномор: -
Мы тем союз наш обесславим;
Рассудок в мире жить велит;
Судьбе решить мы предоставим,
Кому сей меч принадлежит.
К земле приникнем ухом оба
(Чего не выдумает злоба!),
И кто услышит первый звон,
Тот и владей мечом до гроба".
Сказал и лег на землю он.
Я сдуру также растянулся;
Лежу, не слышу ничего,
Смекая: обману его!
Но сам жестоко обманулся.
Злодей в глубокой тишине,

Привстав, на цыпочках ко мне
Подкрался сзади, размахнулся;
Как вихорь свистнул острый меч,
И прежде, чем я оглянулся,
Уж голова слетела с плеч -
И сверхъестественная сила
В ней жизни дух остановила.
Мой остов тернием оброс;
Вдали, в стране, людьми забвенной,
Истлел мой прах непогребенный;
Но злобный карла перенес
Меня в сей край уединенный,
Где вечно должен был стеречь
Тобой сегодня взятый меч.
О витязь! Ты храним судьбою,
Возьми его, и бог с тобою!
Быть может, на своем пути
Ты карлу-чародея встретишь -
Ах, если ты его заметишь,
Коварству, злобе отомсти!
И наконец я счастлив буду,
Спокойно мир оставлю сей -
И в благодарности моей
Твою пощечину забуду".

ПЕСНЬ ЧЕТВЕРТАЯ

Я каждый день, восстав от сна,
Благодарю сердечно бога
За то, что в наши времена
Волшебников не так уж много.
К тому же - честь и слава им! -
Женитьбы наши безопасны...
Их замыслы не так ужасны
Мужьям, девицам молодым.
Но есть волшебники другие,
Которых ненавижу я:
Улыбка, очи голубые

И голос милый - о друзья!
Не верьте им: они лукавы!
Страшитесь, подражая мне,
Их упоительной отравы,
И почивайте в тишине.

Поэзии чудесный гений,
Певец таинственных видений,
Любви, мечтаний и чертей,
Могил и рая верный житель,
И музы ветреной моей
Наперсник, пестун и хранитель!
Прости мне, северный Орфей,
Что в повести моей забавной
Теперь вослед тебе лечу
И лиру музы своенравной
Во лжи прелестной обличу.

Друзья мои, вы все слыхали,
Как бесу в древни дни злодей
Предал сперва себя с печали,
А там и души дочерей;
Как после щедрым подаяньем,
Молитвой, верой, и постом,
И непритворным покаяньем
Снискал заступника в святом;
Как умер он и как заснули
Его двенадцать дочерей:
И нас пленили, ужаснули
Картины тайных сих ночей,
Сии чудесные виденья,
Сей мрачный бес, сей божий гнев,
Живые грешника мученья
И прелесть непорочных дев.
Мы с ними плакали, бродили
Вокруг зубчатых замка стен,
И сердцем тронутым любили
Их тихий сон, их тихий плен;
Душой Вадима призывали,
И пробужденье зрели их,
И часто инокинь святых

На гроб отцовский провожали.
И что ж, возможно ль?.. нам солгали!
Но правду возвещу ли я?

Младой Ратмир, направя к югу
Нетерпеливый бег коня,
Уж думал пред закатом дня
Нагнать Русланову супругу.
Но день багряный вечерел;
Напрасно витязь пред собою
В туманы дальние смотрел:
Всё было пусто над рекою.
Зари последний луч горел
Над ярко-позлащенным бором.
Наш витязь мимо черных скал
Тихонько проезжал и взором
Ночлега меж дерев искал.
Он на долину выезжает
И видит: замок на скалах
Зубчаты стены возвышает;
Чернеют башни на углах;
И дева по стене высокой,
Как в море лебедь одинокой,
Идет, зарей освещена;
И девы песнь едва слышна
Долины в тишине глубокой.

"Ложится в поле мрак ночной;
От волн поднялся ветер хладный.
Уж поздно, путник молодой!
Укройся в терем наш отрадный.

"Здесь ночью нега и покой,
А днем и шум и пированье.
Приди на дружное признанье,
Приди, о путник молодой!

"У нас найдешь красавиц рой;
Их нежны речи и лобзанье.
Приди на тайное призванье,
Приди, о путник молодой!

"Тебе мы с утренней зарей
Наполним кубок на прощанье.
Приди на мирное призванье,
Приди, о путник молодой!

"Ложится в поле мрак ночной;
От волн поднялся ветер хладный.
Уж поздно, путник молодой!
Укройся в терем наш отрадный".

Она манит, она поет;
И юный хан уж под стеною:
Его встречают у ворот
Девицы красные толпою;
При шуме ласковых речей
Он окружен; с него не сводят
Они пленительных очей;
Две девицы коня уводят;
В чертоги входит хан младой,
За ним отшельниц милых рой;
Одна снимает шлем крылатый,
Другая кованые латы,
Та меч берет, та пыльный щит;
Одежда неги заменит
Железные доспехи брани.
Но прежде юношу ведут
К великолепной русской бани.
Уж волны дымные текут
В ее серебряные чаны,
И брызжут хладные фонтаны;
Разостлан роскошью ковер;
На нем усталый хан ложится;
Прозрачный пар над ним клубится
Потупя неги полный взор,
Прелестные, полунагие,
В заботе нежной и немой,
Вкруг хана девы молодые
Теснятся резвою толпой.
Над рыцарем иная машет
Ветвями молодых берез,
И жар от них душистый пашет;
Другая соком вешних роз

42

Усталы члены прохлаждает
И в ароматах потопляет
Темнокудрявые власы.
Восторгом витязь упоенный
Уже забыл Людмилы пленной
Недавно милые красы;
Томится сладостным желаньем;
Бродящий взор его блестит,
И, полный страстным ожиданьем,
Он тает сердцем, он горит.

    Но вот выходит он из бани.
Одетый в бархатные ткани,
В кругу прелестных дев, Ратмир
Садится за богатый пир.
Я не Омер: в стихах высоких
Он может воспевать один
Обеды греческих дружин
И звон и пену чаш глубоких.
Милее, по следам Парни,
Мне славить лирою небрежной
И наготу в ночной тени,
И поцелуй любови нежной!
Луною замок озарен;
Я вижу терем отдаленный,
Где витязь томный, воспаленный
Вкушает одинокий сон;
Его чело, его ланиты
Мгновенным пламенем горят;
Его уста полуоткрыты
Лобзанье тайное манят;
Он страстно, медленно вздыхает,
Он видит их - и в пылком сне
Покровы к сердцу прижимает.
Но вот в глубокой тишине
Дверь отворилась: пол ревнивый
Скрыпит под ножкой торопливой,
И при серебряной луне
Мелькнула дева. Сны крылаты,
Сокройтесь, отлетите прочь!
Проснись - твоя настала ночь!
Проснися - дорог миг утраты!..

Она подходит, он лежит
И в сладострастной неге дремлет;
Покров его с одра скользит,
И жаркий пух чело объемлет.
В молчаньи дева перед ним
Стоит недвижно, бездыханна,
Как лицемерная Диана
Пред милым пастырем своим;
И вот она, на ложе хана
Коленом опершись одним,
Вздохнув, лицо к нему склоняет
С томленьем, с трепетом живым,
И сон счастливца прерывает
Лобзаньем страстным и немым...

Но, други, девственная лира
Умолкла под моей рукой;
Слабеет робкий голос мой -
Оставим юного Ратмира;
Не смею песней продолжать:
Руслан нас должен занимать,
Руслан, сей витязь беспримерный,
В душе герой, любовник верный.
Упорным боем утомлен,
Под богатырской головою
Он сладостный вкушает сон.
Но вот уж раннею зарею
Сияет тихий небосклон;
Всё ясно; утра луч игривый
Главы косматый лоб златит.
Руслан встает, и конь ретивый
Уж витязя стрелою мчит.

И дни бегут; желтеют нивы;
С дерев спадает дряхлый лист;
В лесах осенний ветра свист
Певиц пернатых заглушает;
Тяжелый, пасмурный туман
Нагие холмы обвивает;
Зима приближилась - Руслан
Свой путь отважно продолжает
На дальный север; с каждым днем

Преграды новые встречает:
То бьется он с богатырем,
То с ведьмою, то с великаном,
То лунной ночью видит он,
Как будто сквозь волшебный сон,
Окружены седым туманом,
Русалки, тихо на ветвях
Качаясь, витязя младого
С улыбкой хитрой на устах
Манят, не говоря ни слова...
Но тайным промыслом храним,
Бесстрашный витязь невредим;
В его душе желанье дремлет,
Он их не видит, им не внемлет,
Одна Людмила всюду с ним.

Но между тем, никем не зрима,
От нападений колдуна
Волшебной шапкою хранима,
Что делает моя княжна,
Моя прекрасная Людмила?
Она, безмолвна и уныла,
Одна гуляет по садам,
О друге мыслит и вздыхает,
Иль, волю дав своим мечтам,
К родимым киевским полям
В забвеньи сердца улетает;
Отца и братьев обнимает,
Подружек видит молодых
И старых мамушек своих -
Забыты плен и разлученье!
Но вскоре бедная княжна
Свое теряет заблужденье
И вновь уныла и одна.
Рабы влюбленного злодея,
И день и ночь, сидеть не смея,
Меж тем по замку, по садам
Прелестной пленницы искали,
Метались, громко призывали,
Однако всё по пустякам.
Людмила ими забавлялась:
В волшебных рощах иногда

Без шапки вдруг она являлась
И кликала: "сюда, сюда!"
И все бросались к ней толпою;
Но в сторону - незрима вдруг -
Она неслышною стопою
От хищных убегала рук.
Везде всечасно замечали
Ее минутные следы:
То позлащенные плоды
На шумных ветвях исчезали,
То капли ключевой воды
На луг измятый упадали:
Тогда наверно в замке знали,
Что пьет иль кушает княжна.
На ветвях кедра иль березы
Скрываясь по ночам, она
Минутного искала сна -
Но только проливала слезы,
Звала супруга и покой,
Томилась грустью и зевотой,
И редко, редко пред зарей,
Склонясь ко древу головой,
Дремала тонкою дремотой;
Едва редела ночи мгла,
Людмила к водопаду шла
Умыться хладною струею:
Сам карла утренней порою
Однажды видел из палат,
Как под невидимой рукою
Плескал и брызгал водопад.
С своей обычною тоскою
До новой ночи, здесь и там,
Она бродила по садам;
Нередко под вечер слыхали
Ее приятный голосок;
Нередко в рощах поднимали
Иль ею брошенный венок,
Или клочки персидской шали,
Или заплаканный платок.

Жестокой страстью уязвленный,
Досадой, злобой омраченный,

46

Колдун решился наконец
Поймать Людмилу непременно.
Так Лемноса хромой кузнец,
Прияв супружеский венец
Из рук прелестной Цитереи,
Раскинул сеть ее красам,
Открыв насмешливым богам
Киприды нежные затеи...

Скучая, бедная княжна
В прохладе мраморной беседки
Сидела тихо близ окна
И сквозь колеблемые ветки
Смотрела на цветущий луг.
Вдруг слышит - кличут: "милый друг!"
И видит верного Руслана.
Его черты, походка, стан;
Но бледен он, в очах туман,
И на бедре живая рана -
В ней сердце дрогнуло. "Руслан!
Руслан!.. он точно!" И стрелою
К супругу пленница летит,
В слезах, трепеща, говорит:
"Ты здесь... ты ранен... что с тобою?"
Уже достигла, обняла:
О ужас... призрак исчезает!
Княжна в сетях; с ее чела
На землю шапка упадает.
Хладея, слышит грозный крик:
"Она моя!" и в тот же миг
Зрит колдуна перед очами.
Раздался девы жалкий стон,
Падет без чувств - и дивный сон
Объял несчастную крылами.

Что будет с бедною княжной!
О страшный вид: волшебник хилый
Ласкает дерзостной рукой
Младые прелести Людмилы!
Ужели счастлив будет он?
Чу... вдруг раздался рога звон,
И кто-то карлу вызывает.

В смятеньи, бледный чародей
На деву шапку надевает;
Трубят опять; звучней, звучней!
И он летит к безвестной встрече,
Закинув бороду за плечи.

ПЕСНЬ ПЯТАЯ

Ах, как мила моя княжна!
Мне нрав ее всего дороже:
Она чувствительна, скромна,
Любви супружеской верна,
Немножко ветрена... так что же?
Еще милее тем она.
Всечасно прелестию новой
Умеет нас она пленить;
Скажите: можно ли сравнить
Ее с Дельфирою суровой?
Одной - судьба послала дар
Обворожать сердца и взоры;
Ее улыбка, разговоры
Во мне любви рождают жар.
А та - под юбкою гусар,
Лишь дайте ей усы да шпоры!
Блажен, кого под вечерок
В уединенный уголок
Моя Людмила поджидает
И другом сердца назовет;
Но, верьте мне, блажен и тот,
Кто от Дельфиры убегает
И даже с нею незнаком.
Да, впрочем, дело не о том!
Но кто трубил? Кто чародея
На сечу грозну вызывал?
Кто колдуна перепугал?
Руслан. Он, местью пламенея,
Достиг обители злодея.
Уж витязь под горой стоит,

Призывный рог, как буря, воет,
Нетерпеливый конь кипит
И снег копытом мочным роет.
Князь карлу ждет. Внезапно он
По шлему крепкому стальному
Рукой незримой поражен;
Удар упал подобно грому;
Руслан подъемлет смутный взор
И видит - прямо над главою -
С подъятой, страшной булавою
Летает карла Черномор.
Щитом покрывшись, он нагнулся,
Мечом потряс и замахнулся;
Но тот взвился под облака;
На миг исчез - и свысока
Шумя летит на князя снова.
Проворный витязь отлетел,
И в снег с размаха рокового
Колдун упал - да там и сел;
Руслан, не говоря ни слова,
С коня долой, к нему спешит,
Поймал, за бороду хватает,
Волшебник силится, кряхтит
И вдруг с Русланом улетает...
Ретивый конь вослед глядит;
Уже колдун под облаками;
На бороде герой висит;
Летят над мрачными лесами,
Летят над дикими горами,
Летят над бездною морской;
От напряженья костенея,
Руслан за бороду злодея
Упорной держится рукой.
Меж тем, на воздухе слабея
И силе русской изумясь,
Волшебник гордому Руслану
Коварно молвит: "слушай, князь!
Тебе вредить я перестану;
Младое мужество любя,
Забуду всё, прощу тебя,
Спущусь - но только с уговором..."
"Молчи, коварный чародей! -

Прервал наш витязь: - с Черномором,
С мучителем жены своей,
Руслан не знает договора!
Сей грозный меч накажет вора.
Лети хоть до ночной звезды,
А быть тебе без бороды!"
Боязнь объемлет Черномора;
В досаде, в горести немой,
Напрасно длинной бородой
Усталый карла потрясает:
Руслан ее не выпускает
И щиплет волосы порой.
Два дни колдун героя носит,
На третий он пощады просит:
"О рыцарь, сжалься надо мной;
Едва дышу; нет мочи боле;
Оставь мне жизнь, в твоей я воле;
Скажи - спущусь, куда велишь..."
"Теперь ты наш: ага, дрожишь!
Смирись, покорствуй русской силе!
Неси меня к моей Людмиле".

Смиренно внемлет Черномор;
Домой он с витязем пустился;
Летит - и мигом очутился
Среди своих ужасных гор.
Тогда Руслан одной рукою
Взял меч сраженной головы
И, бороду схватив другою,
Отсек ее, как горсть травы.
"Знай наших! - молвил он жестоко, -
Что, хищник, где твоя краса?
Где сила?" и на шлем высокой
Седые вяжет волоса;
Свистя зовет коня лихого;
Веселый конь летит и ржет;
Наш витязь карлу чуть живого
В котомку за седло кладет,
А сам, боясь мгновенья траты,
Спешит на верх горы крутой,
Достиг, и с радостной душой
Летит в волшебные палаты.

Вдали завидя шлем брадатый,
Залог победы роковой,
Пред ним арапов чудный рой,
Толпы невольниц боязливых,
Как призраки, со всех сторон
Бегут - и скрылись. Ходит он
Один средь храмин горделивых,
Супругу милую зовет -
Лишь эхо сводов молчаливых
Руслану голос подает;
В волненьи чувств нетерпеливых
Он отворяет двери в сад -
Идет, идет - и не находит;
Кругом смущенный взор обводит -
Всё мертво: рощицы молчат,
Беседки пусты; на стремнинах,
Вдоль берегов ручья, в долинах,
Нигде Людмилы следу нет,
И ухо ничего не внемлет.
Внезапный князя хлад объемлет,
В очах его темнеет свет,
В уме возникли мрачны думы...
"Быть может, горесть... плен угрюмый...
Минута... волны..." В сих мечтах
Он погружен. С немой тоскою
Поникнул витязь головою;
Его томит невольный страх;
Недвижим он, как мертвый камень;
Мрачится разум; дикий пламень
И яд отчаянной любви
Уже текут в его крови.
Казалось - тень княжны прекрасной
Коснулась трепетным устам...
И вдруг, неистовый, ужасный,
Стремится витязь по садам;
Людмилу с воплем призывает,
С холмов утесы отрывает,
Всё рушит, всё крушит мечом -
Беседки, рощи упадают,
Древа, мосты в волнах ныряют,
Степь обнажается кругом!
Далеко гулы повторяют

И рев, и треск, и шум, и гром;
Повсюду меч звенит и свищет,
Прелестный край опустошен -
Безумный витязь жертвы ищет,
С размаха вправо, влево он
Пустынный воздух рассекает...
И вдруг - нечаянный удар
С княжны невидимой сбивает
Прощальный Черномора дар...
Волшебства вмиг исчезла сила:
В сетях открылася Людмила!
Не веря сам своим очам,
Нежданным счастьем упоенный,
Наш витязь падает к ногам
Подруги верной, незабвенной,
Целует руки, сети рвет,
Любви, восторга слезы льет,
Зовет ее - но дева дремлет,
Сомкнуты очи и уста,
И сладострастная мечта
Младую грудь ее подъемлет.
Руслан с нее не сводит глаз,
Его терзает вновь кручина. ..
Но вдруг знакомый слышит глас
Глас добродетельного Финна:

   "Мужайся, князь! В обратный путь
Ступай со спящею Людмилой;
Наполни сердце новой силой,
Любви и чести верен будь.
Небесный гром на злобу грянет,
И воцарится тишина -
И в светлом Киеве княжна
Перед Владимиром восстанет
От очарованного сна".

   Руслан, сим гласом оживленный,
Берет в объятия жену,
И тихо с ношей драгоценной
Он оставляет вышину
И сходит в дол уединенный.

В молчаньи, с карлой за седлом,
Поехал он своим путем;
В его руках лежит Людмила
Свежа, как вешняя заря,
И на плечо богатыря
Лицо спокойное склонила.
Власами, свитыми в кольцо,
Пустынный ветерок играет;
Как часто грудь ее вздыхает!
Как часто тихое лицо
Мгновенной розою пылает!
Любовь и тайная мечта
Русланов образ ей приносят,
И с томным шопотом уста
Супруга имя произносят...
В забвеньи сладком ловит он
Ее волшебное дыханье,
Улыбку, слезы, нежный стон
И сонных персей волнованье...

Меж тем, по долам, по горам,
И в белый день, и по ночам,
Наш витязь едет непрестанно.
Еще далек предел желанный,
А дева спит. Но юный князь,
Бесплодным пламенем томясь,
Ужель, страдалец постоянный,
Супругу только сторожил
И в целомудренном мечтанье,
Смирив нескромное желанье,
Свое блаженство находил?
Монах, который сохранил
Потомству верное преданье
О славном витязе моем,
Нас уверяет смело в том:
И верю я! Без разделенья
Унылы, грубы наслажденья:
Мы прямо счастливы вдвоем.
Пастушки, сон княжны прелестной
Не походил на ваши сны,
Порой томительной весны,
На мураве, в тени древесной.

Я помню маленький лужок
Среди березовой дубравы,
Я помню темный вечерок,
Я помню Лиды сон лукавый...
Ах, первый поцелуй любви,
Дрожащий, легкий, торопливый,
Не разогнал, друзья мои,
Ее дремоты терпеливой...
Но полно, я болтаю вздор!
К чему любви воспоминанье?
Ее утеха и страданье
Забыты мною с давних пор;
Теперь влекут мое вниманье
Княжна, Руслан и Черномор.

Пред ними стелется равнина,
Где ели изредка взошли;
И грозного холма вдали
Чернеет круглая вершина
Небес на яркой синеве.
Руслан глядит - и догадался,
Что подъезжает к голове;
Быстрее борзый конь помчался
Уж видно чудо из чудес;
Она глядит недвижным оком;
Власы ее как черный лес,
Поросший на челе высоком;
Ланиты жизни лишены,
Свинцовой бледностью покрыты;
Уста огромные открыты,
Огромны зубы стеснены ..
Над полумертвой головою
Последний день уж тяготел.
К ней храбрый витязь прилетел
С Людмилой, с карлой за спинок
Он крикнул: "здравствуй, голова!
Я здесь! наказан твой изменник!
Гляди: вот он, злодей наш пленник!"
И князя гордые слова
Ее внезапно оживили,
На миг в ней чувство разбудили,
Очнулась будто ото сна,

Взглянула, страшно застонала...
Узнала витязя она
И брата с ужасом узнала.
Надулись ноздри; на щеках
Багровый огнь еще родился,
И в умирающих глазах
Последний гнев изобразился.
В смятеньи, в бешенстве немом
Она зубами скрежетала
И брату хладным языком
Укор невнятный лепетала...
Уже ее в тот самый час
Кончалось долгое страданье:
Чела мгновенный пламень гас,
Слабело тяжкое дыханье,
Огромный закатился взор,
И вскоре князь и Черномор
Узрели смерти содроганье...
Она почила вечным сном.
В молчаньи витязь удалился;
Дрожащий карлик за седлом
Не смел дышать, не шевелился
И чернокнижным языком
Усердно демонам молился.

На склоне темных берегов
Какой-то речки безымянной,
В прохладном сумраке лесов,
Стоял поникшей хаты кров,
Густыми соснами венчанный.
В теченьи медленном река
Вблизи плетень из тростника
Волною сонной омывала
И вкруг него едва журчала
При легком шуме ветерка.
Долина в сих местах таилась,
Уединенна и темна;
И там, казалось, тишина
С начала мира воцарилась.
Руслан остановил коня.
Всё было тихо, безмятежно;
От рассветающего дня

Долина с рощею прибрежной
Сквозь утренний сияла дым.
Руслан на луг жену слагает,
Садится близ нее, вздыхает
С уныньем сладким и немым;
И вдруг он видит пред собою
Смиренный парус челнока
И слышит песню рыбака
Над тихоструйною рекою.
Раскинув невод по волнам,
Рыбак, на весла наклоненный,
Плывет к лесистым берегам,
К порогу хижины смиренной.
И видит добрый князь Руслан:
Челнок ко брегу приплывает;
Из темной хаты выбегает
Младая дева; стройный стан,
Власы, небрежно распущенны,
Улыбка, тихий взор очей,
И грудь, и плечи обнаженны,
Всё мило, всё пленяет в ней.
И вот они, обняв друг друга,
Садятся у прохладных вод,
И час беспечного досуга
Для них с любовью настает.
Но в изумленьи молчаливом
Кого же в рыбаке счастливом
Наш юный витязь узнает?
Хазарский хан, избранный славой,
Ратмир, в любви, в войне кроваво:
Его соперник молодой,
Ратмир в пустыне безмятежной
Людмилу, славу позабыл
И им навеки изменил
В объятиях подруги нежной.

Герой приближился, и вмиг
Отшельник узнает Руслана,
Встает, летит. Раздался крик...
И обнял князь младого хана.
"Что вижу я? - спросил герой, -
Зачем ты здесь, зачем оставил

Тревоги жизни боевой
И меч, который ты прославил?"
"Мой друг, - ответствовал рыбак, -
Душе наскучил бранной славы
Пустой и гибельный призрак.
Поверь: невинные забавы,
Любовь и мирные дубравы
Милее сердцу во сто крат -
Теперь, утратив жажду брани,
Престал платить безумству дани,
И, верным счастием богат,
Я всё забыл, товарищ милый,
Всё, даже прелести Людмилы".
"Любезный хан, я очень рад! -
Сказал Руслан; - она со мною".
"Возможно ли, какой судьбою?
Что слышу? Русская княжна...
Она с тобою, где ж она?
Позволь... но нет, боюсь измены;
Моя подруга мне мила;
Моей счастливой перемены
Она виновницей была;
Она мне жизнь, она мне радость!
Она мне возвратила вновь
Мою утраченную младость,
И мир, и чистую любовь.
Напрасно счастье мне сулили
Уста волшебниц молодых;
Двенадцать дев меня любили:
Я для нее покинул их;
Оставил терем их веселый,
В тени хранительных дубров;
Сложил и меч и шлем тяжелый,
Забыл и славу и врагов.
Отшельник мирный и безвестный,
Остался в счастливой глуши,
С тобой, друг милый, друг прелестный,
С тобою, свет моей души!"

Пастушка милая внимала
Друзей открытый разговор

И, устремив на хана взор,
И улыбалась и вздыхала.

Рыбак и витязь на брегах
До темной ночи просидели
С душой и сердцем на устах -
Часы невидимо летели.
Чернеет лес, темна гора;
Встает луна - всё тихо стало
Герою в путь давно пора -
Накинув тихо покрывало
На деву спящую, Руслан
Идет и на коня садится;
Задумчиво безмолвный хан
Душой вослед ему стремится,
Руслану счастия, побед
И славы и любви желает...
И думы гордых, юных лет
Невольной грустью оживляет...

Зачем судьбой не суждено
Моей непостоянной лире
Геройство воспевать одно
И с ним (незнаемые в мире)
Любовь и дружбу старых лет?
Печальной истины поэт,
Зачем я должен для потомства
Порок и злобу обнажать
И тайны козни вероломства
В правдивых песнях обличать?

Княжны искатель недостойный,
Охоту к славе потеряв,
Никем не знаемый Фарлаф
В пустыне дальней и спокойной
Скрывался и Наины ждал.
И час торжественный настал.
К нему волшебница явилась,
Вещая: "знаешь ли меня?
Ступай за мной; седлай коня!"
И ведьма кошкой обратилась;
Оседлан конь, она пустилась;

Тропами мрачными дубрав
За нею следует Фарлаф.

Долина тихая дремала,
В ночной одетая туман,
Луна во мгле перебегала
Из тучи в тучу и курган
Мгновенным блеском озаряла.
Под ним в безмолвии Руслан
Сидел с обычною тоскою
Пред усыпленною княжною.
Глубоку думу думал он,
Мечты летели за мечтами,
И неприметно веял сон
Над ним холодными крылами.
На деву смутными очами
В дремоте томной он взглянул
И, утомленною главою
Склонясь к ногам ее, заснул.

И снится вещий сон герою:
Он видит, будто бы княжна
Над страшной бездны глубиною
Стоит недвижна и бледна...
И вдруг Людмила исчезает,
Стоит один над бездной он...
Знакомый глас, призывный стон
Из тихой бездны вылетает...
Руслан стремится за женой;
Стремглав летит во тьме глубокой.
И видит вдруг перед собой:
Владимир, в гриднице высокой,
В кругу седых богатырей,
Между двенадцатью сынами,
С толпою названных гостей
Сидит за браными столами.
И так же гневен старый князь,
Как в день ужасный расставанья,
И все сидят не шевелясь,
Не смея перервать молчанья.
Утих веселый шум гостей,
Не ходит чаша круговая...

И видит он среди гостей
В бою сраженного Рогдая:
Убитый, как живой, сидит;
Из опененного стакана
Он, весел, пьет и не глядит
На изумленного Руслана.
Князь видит и младого хана,
Друзей и недругов... и вдруг
Раздался гуслей беглый звук
И голос вещего Баяна,
Певца героев и забав.
Вступает в гридницу Фарлаф,
Ведет он за руку Людмилу;
Но старец, с места не привстав,
Молчит, склонив главу унылу,
Князья, бояре - все молчат,
Душевные движенья кроя.
И всё исчезло - смертный хлад
Объемлет спящего героя.
В дремоту тяжко погружен,
Он льет мучительные слезы,
В волненьи мыслит: это сон!
Томится, но зловещей грезы,
Увы, прервать не в силах он.

Луна чуть светит над горою;
Объяты рощи темнотою,
Долина в мертвой тишине...
Изменник едет на коне.

Перед ним открылася поляна;
Он видит сумрачный курган;
У ног Людмилы спит Руслан,
И ходит конь кругом кургана
Фарлаф с боязнию глядит;
В тумане ведьма исчезает,
В нем сердце замерло, дрожит,
Из хладных рук узду роняет,
Тихонько обнажает меч,
Готовясь витязя без боя
С размаха надвое рассечь...
К нему подъехал. Конь героя,

Врага почуя, закипел,
Заржал и топнул. Знак напрасный!
Руслан не внемлет; сон ужасный,
Как груз, над ним отяготел!..
Изменник, ведьмой ободренный,
Герою в грудь рукой презренной
Вонзает трижды хладну сталь...
И мчится боязливо вдаль
С своей добычей драгоценной.

Всю ночь бесчувственный Руслан
Лежал во мраке под горою.
Часы летели. Кровь рекою
Текла из воспаленных ран.
Поутру, взор открыв туманный,
Пуская тяжкий, слабый стон,
С усильем приподнялся он,
Взглянул, поник главою бранной -
И пал недвижный, бездыханный.

ПЕСНЬ ШЕСТАЯ

Ты мне велишь, о друг мой нежный,
На лире легкой и небрежной
Старинны были напевать
И музе верной посвящать
Часы бесценного досуга...
Ты знаешь, милая подруга:
Поссорясь с ветреной молвой,
Твой друг, блаженством упоенный,
Забыл и труд уединенный,
И звуки лиры дорогой.
От гармонической забавы
Я, негой упоен, отвык...
Дышу тобой - и гордой славы
Невнятен мне призывный клик!
Меня покинул тайный гений
И вымыслов, и сладких дум;

Любовь и жажда наслаждений
Одни преследуют мой ум.
Но ты велишь, но ты любила
Рассказы прежние мои,
Преданья славы и любви;
Мой богатырь, моя Людмила,
Владимир, ведьма, Черномор,
И Финна верные печали
Твое мечтанье занимали;
Ты, слушая мой легкий вздор,
С улыбкой иногда дремала;
Но иногда свой нежный взор
Нежнее на певца бросала...
Решусь; влюбленный говорун,
Касаюсь вновь ленивых струн;
Сажусь у ног твоих и снова
Бренчу про витязя младого.

Но что сказал я? Где Руслан?
Лежит он мертвый в чистом поле;
Уж кровь его не льется боле,
Над ним летает жадный вран,
Безгласен рог, недвижны латы,
Не шевелится шлем косматый!

Вокруг Руслана ходит конь,
Поникнув гордой головою,
В его глазах исчез огонь!
Не машет гривой золотою,
Не тешится, не скачет он,
И ждет, когда Руслан воспрянет...
Но князя крепок хладный сон,
И долго щит его не грянет.

А Черномор? Он за седлом,
В котомке, ведьмою забытый,
Еще не знает ни о чем;
Усталый, сонный и сердитый
Княжну, героя моего
Бранил от скуки молчаливо;
Не слыша долго ничего,
Волшебник выглянул - о диво!

Он видит, богатырь убит;
В крови потопленный лежит;
Людмилы нет, всё пусто в поле;
Злодей от радости дрожит
И мнит: свершилось, я на воле!
Но старый карла был неправ.

Меж тем, Наиной осененный,
С Людмилой, тихо усыпленной,
Стремится к Киеву Фарлаф:
Летит, надежды, страха полный;
Пред ним уже днепровски волны
В знакомых пажитях шумят;
Уж видит златоверхий град;
Уже Фарлаф по граду мчится,
И шум на стогнах восстает;
В волненьи радостном народ
Валит за всадником, теснится;
Бегут обрадовать отца:
И вот изменник у крыльца.

Влача в душе печали бремя,
Владимир-солнышко в то время
В высоком тереме своем
Сидел, томясь привычной думой.
Бояре, витязи кругом
Сидели с важностью угрюмой.
Вдруг внемлет он: перед крыльцом
Волненье, крики, шум чудесный;
Дверь отворилась; перед ним
Явился воин неизвестный;
Все встали с топотом глухим
И вдруг смутились, зашумели:
"Людмила здесь! Фарлаф... ужели?"
В лице печальном изменясь,
Встает со стула старый князь,
Спешит тяжелыми шагами
К несчастной дочери своей,
Подходит; отчими руками
Он хочет прикоснуться к ней;
Но дева милая не внемлет,
И очарованная дремлет

63

В руках убийцы - все глядят
На князя в смутном ожиданьи;
И старец беспокойный взгляд
Вперил на витязя в молчаньи.
Но, хитро перст к устам прижав,
"Людмила спит, - сказал Фарлаф: -
Я так нашел ее недавно
В пустынных муромских лесах
У злого лешего в руках;
Там совершилось дело славно;
Три дня мы билися; луна
Над боем трижды подымалась;
Он пал, а юная княжна
Мне в руки сонною досталась;
И кто прервет сей дивный сон?
Когда настанет пробужденье?
Не знаю - скрыт судьбы закон!
А нам надежда и терпенье
Одни остались в утешенье".

И вскоре с вестью роковой
Молва по граду полетела;
Народа пестрою толпой
Градская площадь закипела;
Печальный терем всем открыт;
Толпа волнуется, валит
Туда, где на одре высоком,
На одеяле парчевом
Княжна лежит во сне глубоком;
Князья и витязи кругом
Стоят унылы; гласы трубны,
Рога, тимпаны, гусли, бубны
Гремят над нею; старый князь,
Тоской тяжелой изнурясь,
К ногам Людмилы сединами
Приник с безмолвными слезами;
И бледный близ него Фарлаф
В немом раскаяньи, в досаде,
Трепещет, дерзость потеряв.

Настала ночь. Никто во граде
Очей бессонных не смыкал;

Шумя, теснились все друг к другу:
О чуде всякой толковал;
Младой супруг свою супругу
В светлице скромной забывал.
Но только свет луны двурогой
Исчез пред утренней зарей,
Весь Киев новою тревогой
Смутился! Клики, шум и вой
Возникли всюду. Киевляне
Толпятся на стене градской...
И видят: в утреннем тумане
Шатры белеют за рекой;
Щиты, как зарево, блистают,
В полях наездники мелькают,
Вдали подъемля черный прах;
Идут походные телеги,
Костры пылают на холмах.
Беда: восстали печенеги!

Но в это время вещий Финн,
Духов могучий властелин,
В своей пустыне безмятежной,
С спокойным сердцем ожидал,
Чтоб день судьбины неизбежной,
Давно предвиденный, восстал.

В немой глуши степей горючих,
За дальной цепью диких гор,
Жилища ветров, бурь гремучих,
Куда и ведьмы смелый взор
Проникнуть в поздний час боится,
Долина чудная таится,
И в той долине два ключа:
Один течет волной живою,
По камням весело журча,
Тот льется мертвою водою.
Кругом всё тихо, ветры спят,
Прохлада вешняя не веет,
Столетни сосны не шумят,
Не вьются птицы, лань не смеет
В жар летний пить из тайных вод;
Чета духов с начала мира,

Безмолвная на лоне мира,
Дремучий берег стережет...
С двумя кувшинами пустыми
Предстал отшельник перед ними;
Прервали духи давний сон
И удалились страха полны.
Склонившись, погружает он
Сосуды в девственные волны;
Наполнил, в воздухе пропал,
И очутился в два мгновенья
В долине, где Руслан лежал
В крови, безгласный, без движенья;
И стал над рыцарем старик,
И вспрыснул мертвою водою,
И раны засияли вмиг,
И труп чудесной красотою
Процвел; тогда водой живою
Героя старец окропил,
И бодрый, полный новых сил,
Трепеща жизнью молодою,
Встает Руслан, на ясный день
Очами жадными взирает,
Как безобразный сон, как тень,
Перед ним минувшее мелькает.
Но где Людмила? Он один!
В нем сердце вспыхнув замирает.
Вдруг витязь вспрянул; вещий Финн
Его зовет и обнимает:
"Судьба свершилась, о мой сын!
Тебя блаженство ожидает;
Тебя зовет кровавый пир;
Твой грозный меч бедою грянет;
На Киев снидет кроткий мир,
И там она тебе предстанет.
Возьми заветное кольцо,
Коснися им чела Людмилы,
И тайных чар исчезнут силы,
Врагов смутит твое лицо,
Настанет мир, погибнет злоба.
Достойны счастья будьте оба!
Прости надолго, витязь мой!
Дай руку... там, за дверью гроба

Не прежде - свидимся с тобой!"
Сказал, исчезнул. Упоенный
Восторгом пылким и немым,
Руслан, для жизни пробужденный,
Подъемлет руки вслед за ним...
Но ничего не слышно боле!
Руслан один в пустынном поле;
Запрыгав, с карлой за седлом,
Русланов конь нетерпеливый
Бежит и ржет, махая гривой;
Уж князь готов, уж он верхом,
Уж он летит живой и здравый
Через поля, через дубравы.

Но между тем какой позор
Являет Киев осажденный?
Там, устремив на нивы взор,
Народ, уныньем пораженный,
Стоит на башнях и стенах
И в страхе ждет небесной казни;
Стенанья робкие в домах,
На стогнах тишина боязни;
Один, близ дочери своей,
Владимир в горестной молитве;
И храбрый сонм богатырей
С дружиной верною князей
Готовится к кровавой битве.

И день настал. Толпы врагов
С зарею двинулись с холмов;
Неукротимые дружины,
Волнуясь, хлынули с равнины
И потекли к стене градской;
Во граде трубы загремели,
Бойцы сомкнулись, полетели
Навстречу рати удалой,
Сошлись - и заварился бой.
Почуя смерть, взыграли кони,
Пошли стучать мечи о брони;
Со свистом туча стрел взвилась,
Равнина кровью залилась;
Стремглав наездники помчались,

67

Дружины конные смешались;
Сомкнутой, дружною стеной
Там рубится со строем строй;
Со всадником там пеший бьется;
Там конь испуганный несется;
Там русский пал, там печенег;
Там клики битвы, там побег;
Тот опрокинут булавою;
Тот легкой поражен стрелою;
Другой, придавленный щитом,
Растоптан бешеным конем...
И длился бой до темной ночи;
Ни враг, ни наш не одолел!
За грудами кровавых тел
Бойцы сомкнули томны очи,
И крепок был их бранный сон;
Лишь изредка на поле битвы
Был слышен падших скорбный стон
И русских витязей молитвы.

Бледнела утренняя тень,
Волна сребрилася в потоке,
Сомнительный рождался день
На отуманенном востоке.
Яснели холмы и леса,
И просыпались небеса.
Еще в бездейственном покое
Дремало поле боевое;
Вдруг сон прервался: вражий стан
С тревогой шумною воспрянул,
Внезапный крик сражений грянул;
Смутилось сердце киевлян;
Бегут нестройными толпами
И видят: в поле меж врагами,
Блистая в латах, как в огне,
Чудесный воин на коне
Грозой несется, колет, рубит,
В ревущий рог, летая, трубит...
То был Руслан. Как божий гром,
Наш витязь пал на басурмана;
Он рыщет с карлой за седлом
Среди испуганного стана.

Где ни просвищет грозный меч,
Где конь сердитый ни промчится,
Везде главы слетают с плеч
И с воплем строй на строй валится;
В одно мгновенье бранный луг
Покрыт холмами тел кровавых,
Живых, раздавленных, безглавых,
Громадой копий, стрел, кольчуг.
На трубный звук, на голос боя
Дружины конные славян
Помчались по следам героя,
Сразились... гибни, басурман!
Объемлет ужас печенегов;
Питомцы бурные набегов
Зовут рассеянных коней,
Противиться не смеют боле
И с диким воплем в пыльном поле
Бегут от киевских мечей,
Обречены на жертву аду;
Их сонмы русский меч казнит;
Ликует Киев... Но по граду
Могучий богатырь летит;
В деснице держит меч победный;
Копье сияет как звезда;
Струится кровь с кольчуги медной;
На шлеме вьется борода;
Летит, надеждой окриленный,
По стогнам шумным в княжий дом.
Народ, восторгом упоенный,
Толпится с кликами кругом,
И князя радость оживила.
В безмолвный терем входит он,
Где дремлет чудным сном Людмила.
Владимир, в думу погружен,
У ног ее стоял унылый.
Он был один. Его друзей
Война влекла в поля кровавы.
Но с ним Фарлаф, чуждаясь славы,
Вдали от вражеских мечей,
В душе презрев тревоги стана,
Стоял на страже у дверей.
Едва злодей узнал Руслана,

В нем кровь остыла, взор погас,
В устах открытых замер глас,
И пал без чувств он на колена...
Достойной казни ждет измена!
Но, помня тайный дар кольца,
Руслан летит к Людмиле спящей,
Ее спокойного лица
Касается рукой дрожащей...
И чудо: юная княжна,
Вздохнув, открыла светлы очи!
Казалось, будто бы она
Дивилася столь долгой ночи;
Казалось, что какой-то сон
Ее томил мечтой неясной,
И вдруг узнала - это он!
И князь в объятиях прекрасной.
Воскреснув пламенной душой,
Руслан не видит, не внимает,
И старец в радости немой,
Рыдая, милых обнимает.

   Чем кончу длинный мой рассказ?
Ты угадаешь, друг мой милый!
Неправый старца гнев погас,
Фарлаф пред ним и пред Людмилой
У ног Руслана объявил
Свой стыд и мрачное злодейство;
Счастливый князь ему простил;
Лишенный силы чародейства,
Был принят карла во дворец;
И, бедствий празднуя конец,
Владимир в гриднице высокой
Запировал в семье своей.

   Дела давно минувших дней,
Преданья старины глубокой.

ЭПИЛОГ

Так, мира житель равнодушный,
На лоне праздной тишины,
Я славил лирою послушной
Преданья темной старины.
Я пел - и забывал обиды
Слепого счастья и врагов,
Измены ветреной Дориды
И сплетни шумные глупцов.
На крыльях вымысла носимый,
Ум улетал за край земной;
И между тем грозы незримой
Сбиралась туча надо мной!..
Я погибал... Святой хранитель
Первоначальных, бурных дней,
О дружба, нежный утешитель
Болезненной души моей!
Ты умолила непогоду;
Ты сердцу возвратила мир;
Ты сохранила мне свободу,
Кипящей младости кумир!
Забытый светом и молвою,
Далече от брегов Невы,
Теперь я вижу пред собою
Кавказа гордые главы.
Над их вершинами крутыми,
На скате каменных стремнин,
Питаюсь чувствами немыми
И чудной прелестью картин
Природы дикой и угрюмой;
Душа, как прежде, каждый час
Полна томительною думой -
Но огнь поэзии погас.
Ищу напрасно впечатлений:
Она прошла, пора стихов,
Пора любви, веселых снов,
Пора сердечных вдохновений!
Восторгов краткий день протек -

И скрылась от меня навек
Богиня тихих песнопений...

БРАТЬЯ РАЗБОЙНИКИ

Не стая воронов слеталась
На груды тлеющих костей,
За Волгой, ночью, вкруг огней
Удалых шайка собиралась.
Какая смесь одежд и лиц,
Племен, наречий, состояний!
Из хат, из келий, из темниц
Они стеклися для стяжаний!
Здесь цель одна для всех сердец -
Живут без власти, без закона.
Меж ними зрится и беглец
С брегов воинственного Дона,
И в черных локонах еврей,
И дикие сыны степей,
Калмык, башкирец безобразный,
И рыжий финн, и с ленью праздной
Везде кочующий цыган!
Опасность, кровь, разврат, обман -
Суть узы страшного семейства
Тот их, кто с каменной душой
Прошел все степени злодейства;
Кто режет хладною рукой
Вдовицу с бедной сиротой,
Кому смешно детей стенанье,
Кто не прощает, не щадит,
Кого убийство веселит,
Как юношу любви свиданье.

Затихло всё, теперь луна
Свой бледный свет на них наводит,
И чарка пенного вина

Из рук в другие переходит.
Простерты на земле сырой
Иные чутко засыпают,
И сны зловещие летают
Над их преступной головой.
Другим рассказы сокращают
Угрюмой ночи праздный час;
Умолкли все - их занимает
Пришельца нового рассказ,
И всё вокруг его внимает:

"Нас было двое: брат и я.
Росли мы вместе; нашу младость
Вскормила чуждая семья:
Нам, детям, жизнь была не в радость;
Уже мы знали нужды глас,
Сносили горькое презренье,
И рано волновало нас
Жестокой зависти мученье.
Не оставалось у сирот
Ни бедной хижинки, ни поля;
Мы жили в горе, средь забот,
Наскучила нам эта доля,
И согласились меж собой
Мы жребий испытать иной;
В товарищи себе мы взяли
Булатный нож да темну ночь;
Забыли робость и печали,
А совесть отогнали прочь.

Ах, юность, юность удалая!
Житье в то время было нам,
Когда, погибель презирая,
Мы всё делили пополам.
Бывало только месяц ясный
Взойдет и станет средь небес,
Из подземелия мы в лес
Идем на промысел опасный.
За деревом сидим и ждем:
Идет ли позднею дорогой
Богатый жид иль поп убогой, -
Всё наше! всё себе берем.

Зимой бывало в ночь глухую
Заложим тройку удалую,
Поем и свищем, и стрелой
Летим над снежной глубиной.
Кто не боялся нашей встречи?
Завидели в харчевне свечи -
Туда! к воротам, и стучим,
Хозяйку громко вызываем,
Вошли - всё даром: пьем, едим
И красных девушек ласкаем!

И что ж? попались молодцы;
Не долго братья пировали;
Поймали нас - и кузнецы
Нас друг ко другу приковали,
И стража отвела в острог.

Я старший был пятью годами
И вынесть больше брата мог.
В цепях, за душными стенами
Я уцелел - он изнемог.
С трудом дыша, томим тоскою,
В забвеньи, жаркой головою
Склоняясь к моему плечу,
Он умирал, твердя всечасно:
"Мне душно здесь... я в лес хочу...
Воды, воды!.." но я напрасно
Страдальцу воду подавал:
Он снова жаждою томился,
И градом пот по нем катился.
В нем кровь и мысли волновал
Жар ядовитого недуга;
Уж он меня не узнавал
И поминутно призывал
К себе товарища и друга.
Он говорил: "где скрылся ты?
Куда свой тайный путь направил?
Зачем мой брат меня оставил
Средь этой смрадной темноты?
Не он ли сам от мирных пашен
Меня в дремучий лес сманил,
И ночью там, могущ и страшен,

74

Убийству первый научил?
Теперь он без меня на воле
Один гуляет в чистом поле,
Тяжелым машет кистенем
И позабыл в завидной доле
Он о товарище совсем!.."
То снова разгорались в нем
Докучной совести мученья:
Пред ним толпились привиденья,
Грозя перстом издалека.
Всех чаще образ старика,
Давно зарезанного нами,
Ему на мысли приходил;
Больной, зажав глаза руками,
За старца так меня молил:
"Брат! сжалься над его слезами!
Не режь его на старость лет...
Мне дряхлый крик его ужасен...
Пусти его - он не опасен;
В нем крови капли теплой нет...
Не смейся, брат, над сединами,
Не мучь его... авось мольбами
Смягчит за нас он божий гнев!.."
Я слушал, ужас одолев;
Хотел унять больного слезы
И удалить пустые грезы.
Он видел пляски мертвецов,
В тюрьму пришедших из лесов
То слышал их ужасный шопот,
То вдруг погони близкий топот,
И дико взгляд его сверкал,
Стояли волосы горою,
И весь как лист он трепетал.
То мнил уж видеть пред собою
На площадях толпы людей,
И страшный ход до места казни,
И кнут, и грозных палачей...
Без чувств, исполненный боязни,
Брат упадал ко мне на грудь.
Так проводил я дни и ночи,
Не мог минуты отдохнуть,
И сна не знали наши очи.

75

Но молодость свое взяла:
Вновь силы брата возвратились,
Болезнь ужасная прошла,
И с нею грезы удалились.
Воскресли мы. Тогда сильней
Взяла тоска по прежней доле;
Душа рвалась к лесам и к воле,
Алкала воздуха полей.
Нам тошен был и мрак темницы,
И сквозь решетки свет денницы,
И стражи клик, и звон цепей,
И легкой шум залетной птицы.

По улицам однажды мы,
В цепях, для городской тюрьмы
Сбирали вместе подаянье,
И согласились в тишине
Исполнить давнее желанье;
Река шумела в стороне,
Мы к ней - и с берегов высоких
Бух! поплыли в водах глубоких.
Цепями общими гремим,
Бьем волны дружными ногами,
Песчаный видим островок
И, рассекая быстрый ток,
Туда стремимся. Вслед за нами
Кричат: "лови! лови! уйдут!"
Два стража издали плывут,
Но уж на остров мы ступаем,
Оковы камнем разбиваем,
Друг с друга рвем клочки одежд,
Отягощенные водою...
Погоню видим за собою;
Но смело, полные надежд,
Сидим и ждем. Один уж тонет,
То захлебнется, то застонет
И как свинец пошел ко дну.
Другой проплыл уж глубину,
С ружьем в руках, он в брод упрямо,
Не внемля крику моему,
Идет, но в голову ему
Два камня полетели прямо -

И хлынула на волны кровь;
Он утонул - мы в воду вновь,
За нами гнаться не посмели,
Мы берегов достичь успели
И в лес ушли. Но бедный брат...
И труд и волн осенний хлад
Недавних сил его лишили:
Опять недуг его сломил,
И злые грезы посетили.
Три дня больной не говорил
И не смыкал очей дремотой;
В четвертый грустною заботой,
Казалось, он исполнен был;
Позвал меня, пожал мне руку,
Потухший взор изобразил
Одолевающую муку;
Рука задрогла, он вздохнул
И на груди моей уснул.

     Над хладным телом я остался,
Три ночи с ним не расставался,
Всё ждал, очнется ли мертвец?
И горько плакал. Наконец
Взял заступ; грешную молитву
Над братней ямой совершил
И тело в землю схоронил...
Потом на прежнюю ловитву
Пошел один... Но прежних лет
Уж не дождусь: их нет, как нет!
Пиры, веселые ночлеги
И наши буйные набеги -
Могила брата всё взяла.
Влачусь угрюмый, одинокой,
Окаменел мой дух жестокой,
И в сердце жалость умерла
Но иногда щажу морщины:
Мне страшно резать старика;
На беззащитные седины
Не подымается рука.
Я помню, как в тюрьме жестокой
Больной, в цепях, лишенный сил,

Без памяти, в тоске глубокой
За старца брат меня молил".

БАХЧИСАРАЙСКИЙ ФОНТАН

Многие, так же как и я, посещали сей фонтан;
Но иных уже нет, другие странствуют далече.

Сади.

Гирей сидел потупя взор;
Янтарь в устах его дымился;
Безмолвно раболепный двор
Вкруг хана грозного теснился.
Всё было тихо во дворце,
Благоговея, все читали
Приметы гнева и печали
На сумрачном его лице.
Но повелитель горделивый
Махнул рукой нетерпеливой.
И все, склонившись, идут вон.

Один в своих чертогах он;
Свободней грудь его вздыхает,
Живее строгое чело
Волненье сердца выражает.
Так бурны тучи отражает
Залива зыбкое стекло.

Что движет гордою душою?
Какою мыслью занят он?
На Русь ли вновь идет войною,
Несет ли Польше свой закон,
Горит ли местию кровавой,
Открыл ли в войске заговор,

78

Страшится ли народов гор,
Иль козней Генуи лукавой?

Нет, он скучает бранной славой;
Устала грозная рука;
Война от мыслей далека.

Ужель в его гарем измена
Стезей преступною вошла,
И дочь неволи, нег и плена
Гяуру сердце отдала?

Нет, жены робкие Гирея,
Ни думать, ни желать не смея,
Цветут в унылой тишине;
Под стражей бдительной и хладной
На лоне скуки безотрадной
Измен не ведают оне.
В тени хранительной темницы
Утаены их красоты:
Так аравийские цветы
Живут за стеклами теплицы.
Для них унылой чередой
Дни, месяцы, лета проходят
И неприметно за собой
И младость и любовь уводят.
Однообразен каждый день
И медленно часов теченье.
В гареме жизнью правит лень;
Мелькает редко наслажденье.
Младые жены, как-нибудь
Желая сердце обмануть,
Меняют пышные уборы,
Заводят игры, разговоры,
Или при шуме вод живых,
Над их прозрачными струями
В прохладе яворов густых
Гуляют легкими роями.
Меж ними ходит злой эвнух
И убегать его напрасно:
Его ревнивый взор и слух
За всеми следует всечасно.

Его стараньем заведен
Порядок вечный. Воля хана
Ему единственный закон;
Святую заповедь Корана
Не строже наблюдает он.
Его душа любви не просит;
Как истукан он переносит
Насмешки, ненависть, укор,
Обиды шалости нескромной,
Презренье, просьбы, робкий взор,
И тихий вздох, и ропот томный.
Ему известен женский нрав;
Он испытал, сколь он лукав
И на свободе и в неволе:
Взор нежный, слез упрек немой
Не властны над его душой;
Он им уже не верит боле.

Раскинув легкие власы,
Как идут пленницы младые
Купаться в жаркие часы,
И льются волны ключевые
На их волшебные красы,
Забав их сторож неотлучный,
Он тут; он видит, равнодушный,
Прелестниц обнаженный рой;
Он по гарему в тьме ночной
Неслышными шагами бродит;
Ступая тихо по коврам,
К послушным крадется дверям,
От ложа к ложу переходит;
В заботе вечной, ханских жен
Роскошный наблюдает сон,
Ночной подслушивает лепет;
Дыханье, вздох, малейший трепет -
Всё жадно примечает он;
И горе той, чей шопот сонный
Чужое имя призывал,
Или подруге благосклонной
Порочны мысли доверял!

Что ж полон грусти ум Гирея?
Чубук в руках его потух;
Недвижим, и дохнуть не смея,
У двери знака ждет эвнух.
Встает задумчивый властитель;
Пред ним дверь настежь. Молча, он
Идет в заветную обитель
Еще недавно милых жен.

Беспечно ожидая хана,
Вокруг игривого фонтана
На шелковых коврах оне
Толпою резвою сидели
И с детской радостью глядели,
Как рыба в ясной глубине
На мраморном ходила дне.
Нарочно к ней на дно иные
Роняли серьги золотые.
Кругом невольницы меж тем
Шербет носили ароматный,
И песнью звонкой и приятной
Вдруг огласили весь гарем:

ТАТАРСКАЯ ПЕСНЯ

1

"Дарует небо человеку
Замену слез и частых бед:
Блажен факир, узревший Меку
На старости печальных лет.

2

"Блажен, кто славный брег Дуная
Своею смертью осветит:
К нему навстречу дева рая
С улыбкой страстной полетит.

3

"Но тот блаженней, о Зарема,
Кто, мир и негу возлюбя,
Как розу, в тишине гарема
Лелеет, милая, тебя".

Они поют. Но где Зарема,
Звезда любви, краса гарема? -
Увы! печальна и бледна,
Похвал не слушает она.
Как пальма, смятая грозою
Поникла юной головою;
Ничто, ничто не мило ей:
Зарему разлюбил Гирей.

Он изменил!.. Но кто с тобою,
Грузинка, равен красотою?
Вокруг лилейного чела
Ты косу дважды обвила;
Твои пленительные очи
Яснее дня, чернее ночи;
Чей голос выразит сильней
Порывы пламенных желаний?
Чей страстный поцелуй живей
Твоих язвительных лобзаний?
Как сердце, полное тобой,
Забьется для красы чужой?
Но, равнодушный и жестокой,
Гирей презрел твои красы
И ночи хладные часы
Проводит мрачный, одинокой
С тех пор, как польская княжна
В его гарем заключена.

Недавно юная Мария
Узрела небеса чужие;
Недавно милою красой
Она цвела в стране родной.
Седой отец гордился ею
И звал отрадою своею.

Для старика была закон
Ее младенческая воля.
Одну заботу ведал он:
Чтоб дочери любимой доля
Была, как вешний день, ясна,
Чтоб и минутные печали
Ее души не помрачали,
Чтоб даже замужем она
Воспоминала с умиленьем
Девичье время, дни забав,
Мелькнувших легким сновиденьем.
Всё в ней пленяло: тихий нрав,
Движенья стройные, живые
И очи томно-голубые.
Природы милые дары
Она искусством украшала;
Она домашние пиры
Волшебной арфой оживляла;
Толпы вельмож и богачей
Руки Марииной искали,
И много юношей по ней
В страданьи тайном изнывали.
Но в тишине души своей
Она любви еще не знала
И независимый досуг
В отцовском замке меж подруг
Одним забавам посвящала.

Давно ль? И что же! Тьмы татар
На Польшу хлынули рекою;
Не с столь ужасной быстротою
По жатве стелется пожар.
Обезображенный войною,
Цветущий край осиротел;
Исчезли мирные забавы,
Уныли селы и дубравы
И пышный замок опустел.
Тиха Мариина светлица...
В домовой церкви, где кругом
Почиют мощи хладным сном,
С короной, с княжеским гербом
Воздвиглась новая гробница...

Отец в могиле, дочь в плену,
Скупой наследник в замке правит
И тягостным ярмом бесславит
Опустошенную страну.

Увы! Дворец Бахчисарая
Скрывает юную княжну.
В неволе тихой увядая,
Мария плачет и грустит.
Гирей несчастную щадит:
Ее унынье, слезы, стоны
Тревожат хана краткий сон
И для нее смягчает он
Гарема строгие законы.
Угрюмый сторож ханских жен
Ни днем, ни ночью к ней не входит;
Рукой заботливой не он
На ложе сна ее возводит;
Не смеет устремиться к ней
Обидный взор его очей;
Она в купальне потаенной
Одна с невольницей своей;
Сам хан боится девы пленной
Печальный возмущать покой;
Гарема в дальнем отделеньи
Позволено ей жить одной:
И, мнится, в том уединеньи
Сокрылся некто неземной.
Там день и ночь горит лампада
Пред ликом девы пресвятой;
Души тоскующей отрада,
Там упованье в тишине
С смиренной верой обитает,
И сердцу всё напоминает
О близкой, лучшей стороне;
Там дева слезы проливает
Вдали завистливых подруг;
И между тем, как всё вокруг
В безумной неге утопает,
Святыню строгую скрывает
Спасенный чудом уголок.
Так сердце, жертва заблуждений,

Среди порочных упоений
Хранит один святой залог,
Одно божественное чувство...

....

    Настала ночь; покрылись тенью
Тавриды сладостной поля;
Вдали, под тихой лавров сенью
Я слышу пенье соловья;
За хором звезд луна восходит:
Она с безоблачных небес
На долы, на холмы, на лес
Сиянье томное наводит.
Покрыты белой пеленой,
Как тени легкие мелькая,
По улицам Бахчисарая,
Из дома в дом, одна к другой,
Простых татар спешат супруги
Делить вечерние досуги.
Дворец утих; уснул гарем,
Объятый негой безмятежной;
Не прерывается ничем
Спокойство ночи. Страж надежный,
Дозором обошел эвнух.
Теперь он спит; но страх прилежный
Тревожит в нем и спящий дух.
Измен всечасных ожиданье
Покоя не дает уму.
То чей-то шорох, то шептанье,
То крики чудятся ему;
Обманутый неверным слухом,
Он пробуждается, дрожит,
Напуганным приникнув ухом...
Но всё кругом его молчит;
Одни фонтаны сладкозвучны
Из мраморной темницы бьют,
И с милой розой неразлучны
Во мраке соловьи поют;
Эвнух еще им долго внемлет
И снова сон его объемлет.

85

Как милы темные красы
Ночей роскошного Востока!
Как сладко льются их часы
Для обожателей Пророка!
Какая нега в их домах,
В очаровательных садах,
В тиши гаремов безопасных,
Где под влиянием луны
Всё полно тайн и тишины
И вдохновений сладострастных!

....

Все жены спят. Не спит одна.
Едва дыша, встает она;
Идет; рукою торопливой
Открыла дверь; во тьме ночной
Ступает легкою ногой...
В дремоте чуткой и пугливой
Пред ней лежит эвнух седой.
Ах, сердце в нем неумолимо:
Обманчив сна его покой!..
Как дух, она проходит мимо.

....

Пред нею дверь; с недоуменьем
Ее дрожащая рука
Коснулась верного замка...
Вошла, взирает с изумленьем...
И тайный страх в нее проник.
Лампады свет уединенный,
Кивот печально озаренный,
Пречистой девы кроткий лик
И крест, любви символ священный,
Грузинка! всё в душе твоей
Родное что-то пробудило,
Всё звуками забытых дней
Невнятно вдруг заговорило. -
Пред ней покоилась княжна,
И жаром девственного сна
Ее ланиты оживлялись

И, слез являя свежий след,
Улыбкой томной озарялись.
Так озаряет лунный свет
Дождем отягощенный цвет.
Спорхнувший с неба сын эдема,
Казалось, ангел почивал
И сонный слезы проливал
О бедной пленнице гарема...
Увы, Зарема, что с тобой?
Стеснилась грудь ее тоской,
Невольно клонятся колени,
И молит: "сжалься надо мной,
Не отвергай моих молений!.."
Ее слова, движенье, стон
Прервали девы тихий сон.
Княжна со страхом пред собою
Младую незнакомку зрит;
В смятеньи, трепетной рукою
Ее подъемля, говорит:
"Кто ты?.. Одна, порой ночною -
Зачем ты здесь?" - "Я шла к тебе,
Спаси меня; в моей судьбе
Одна надежда мне осталась...
Я долго счастьем наслаждалась,
Была беспечней день от дня...
И тень блаженства миновалась;
Я гибну. Выслушай меня.

     Родилась я не здесь, далеко,
Далеко... но минувших дней
Предметы в памяти моей
Доныне врезаны глубоко.
Я помню горы в небесах,
Потоки жаркие в горах,
Непроходимые дубравы,
Другой закон, другие нрав
Но почему, какой судьбой
Я край оставила родной,
Не знаю; помню только море
И человека в вышине
Над парусами...
          Страх и горе

Доныне чужды были мне;
Я в безмятежной тишине
В тени гарема расцветала
И первых опытов любви
Послушным сердцем ожидала.
Желанья тайные мои
Сбылись. Гирей для мирной неги
Войну кровавую презрел,
Пресек ужасные набеги
И свой гарем опять узрел.
Пред хана в смутном ожиданьи
Предстали мы. Он светлый взор
Остановил на мне в молчаньи,
Позвал меня... и с этих пор
Мы в беспрерывном упоеньи
Дышали счастьем; и ни раз
Ни клевета, ни подозренье,
Ни злобной ревности мученье,
Ни скука не смущала нас.
Мария! ты пред ним явилась...
Увы, с тех пор его душа
Преступной думой омрачилась!
Гирей, изменою дыша,
Моих не слушает укоров,
Ему докучен сердца стон;
Ни прежних чувств, ни разговоров
Со мною не находит он.
Ты преступленью не причастна;
Я знаю: не твоя вина...
Итак послушай: я прекрасна;
Во всем гареме ты одна
Могла б еще мне быть опасна;
Но я для страсти рождена,
Но ты любить, как я, не можешь;
Зачем же хладной красотой
Ты сердце слабое тревожишь?
Оставь Гирея мне: он мой;
На мне горят его лобзанья,
Он клятвы страшные мне дал,
Давно все думы, все желанья
Гирей с моими сочетал;
Меня убьет его измена...

Я плачу; видишь, я колена
Теперь склоняю пред тобой.
Молю, винить тебя не смея,
Отдай мне радость и покой,
Отдай мне прежнего Гирея...
Не возражай мне ничего;
Он мой! он ослеплен тобою.
Презреньем, просьбою, тоскою,
Чем хочешь, отврати его;
Клянись... (хоть я для Алкорана,
Между невольницами хана,
Забыла веру прежних дней;
Но вера матери моей
Была твоя) клянись мне ею
Зарему возвратить Гирею...
Но слушай: если я должна
Тебе... кинжалом я владею,
Я близ Кавказа рождена". -

Сказав, исчезла вдруг. За нею
Не смеет следовать княжна.
Невинной деве непонятен
Язык мучительных страстей,
Но голос их ей смутно внятен;
Он странен, он ужасен ей.
Какие слезы и моленья
Ее спасут от посрамленья?
Что ждет ее? Ужели ей
Остаток горьких юных дней
Провесть наложницей презренной?
О боже! если бы Гирей
В ее темнице отдаленной
Забыл несчастную навек,
Или кончиной ускоренной
Унылы дни ее пресек!
С какою б радостью Мария
Оставила печальный свет!
Мгновенья жизни дорогие
Давно прошли, давно их нет!
Что делать ей в пустыне мира?
Уж ей пора, Марию ждут

И в небеса, на лоно мира,
Родной улыбкою зовут.

....

   Промчались дни; Марии нет.
Мгновенно сирота почила.
Она давно-желанный свет,
Как новый ангел, озарила.
Но что же в гроб ее свело?
Тоска ль неволи безнадежной,
Болезнь, или другое зло?..
Кто знает? - Нет Марии нежной!
Дворец угрюмый опустел;
Его Гирей опять оставил;
С толпой татар в чужой предел
Он злой набег опять направил;
Он снова в бурях боевых
Несется мрачный, кровожадный:
Но в сердце хана чувств иных
Таится пламень безотрадный.
Он часто в сечах роковых
Подъемлет саблю, и с размаха
Недвижим остается вдруг,
Глядит с безумием вокруг,
Бледнеет, будто полный страха,
И что-то шепчет, и порой
Горючи слезы льет рекой.

   Забытый, преданный презренью,
Гарем не зрит его лица;
Там, обреченные мученью,
Под стражей хладного скопца
Стареют жены. Между ними
Давно грузинки нет; она
Гарема стражами немыми
В пучину вод опущена.
В ту ночь, как умерла княжна,
Свершилось и ее страданье.
Какая б ни была вина,
Ужасно было наказанье! -
Опустошив огнем войны

Кавказу близкие страны
И селы мирные России,
В Тавриду возвратился хан,
И в память горестной Марии
Воздвигнул мраморный фонтан,
В углу дворца уединенный.
Над ним крестом осенена
Магометанская луна
(Символ конечно дерзновенный,
Незнанья жалкая вина).
Есть надпись: едкими годами
Еще не сгладилась она.
За чуждыми ее чертами
Журчит во мраморе вода
И каплет хладными слезами,
Не умолкая никогда.
Так плачет мать во дни печали
О сыне, падшем на войне.
Младые девы в той стране
Преданье старины узнали
И мрачный памятник оне
Фонтаном слез именовали. -

Покинув север наконец,
Пиры надолго забывая,
Я посетил Бахчисарая
В забвеньи дремлющий дворец.
Среди безмолвных переходов
Бродил я там, где бич народов,
Татарин буйный пировал
И после ужасов набега
В роскошной лени утопал.
Еще поныне дышет нега
В пустых покоях и садах;
Играют воды, рдеют розы,
И вьются виноградны лозы,
И злато блещет на стенах.
Я видел ветхие решетки,
За коими, в своей весне,
Янтарны разбирая четки,
Вздыхали жены в тишине.
Я видел ханское кладбище,

Владык последнее жилище.
Сии надгробные столбы,
Венчанны мраморной чалмою,
Казалось мне, завет судьбы
Гласили внятною молвою.
Где скрылись ханы? Где гарем?
Кругом всё тихо, всё уныло,
Всё изменилось... но не тем
В то время сердце полно было:
Дыханье роз, фонтанов шум
Влекли к невольному забвенью,
Невольно предавался ум
Неизъяснимому волненью,
И по дворцу летучей тенью
Мелькала дева предо мной!...

....

Чью тень, о други, видел я?
Скажите мне: чей образ нежный
Тогда преследовал меня
Неотразимый, неизбежный?
Марии ль чистая душа
Являлась мне, или Зарема
Носилась, ревностью дыша,
Средь опустелого гарема?

Я помню столь же милый взгляд
И красоту еще земную,
Все думы сердца к ней летят,
Об ней в изгнании тоскую - ....
Безумец! полно! перестань,
Не оживляй тоски напрасной,
Мятежным снам любви несчастной
Заплачена тобою дань -
Опомнись; долго ль, узник томный,
Тебе оковы лобызать
И в свете лирою нескромной
Свое безумство разглашать?

Поклонник Муз, поклонник мира,
Забыв и славу и любовь,

О, скоро вас увижу вновь,
Брега веселые Салгира!
Приду на склон приморских гор,
Воспоминаний тайных полный -
И вновь таврические волны
Обрадуют мой жадный взор.
Волшебный край! очей отрада!
Всё живо там; холмы, леса,
Янтарь и яхонт винограда,
Долин приютная краса,
И струй и тополей прохлада...
Всё чувство путника манит,
Когда, в час утра безмятежный,
В горах, дорогою прибрежной
Привычный конь его бежит,
И зеленеющая влага
Пред ним и блещет и шумит
Вокруг утесов Аю-дага...

ВАДИМ

ОТРЫВОК ИЗ НЕОКОНЧЕННОЙ ПОЭМЫ

Свод неба мраком обложился;
В волнах Варяжских лунный луч,
Сверкая меж вечерних туч,
Столпом неровным отразился.
Качаясь, лебедь на волне
Заснул, и всё кругом почило;
Но вот по темной глубине
Стремится белое ветрило,
И блещет пена при луне;
Летит испуганная птица,
Услыша близкий шум весла.

93

Чей это парус? Чья десница
Его во мраке напрягла?

   Их двое. На весло нагбенный,
Один, смиренный житель волн,
Гребет и к югу правит челн;
Другой, как волхвом пораженный;
Стоит недвижим; на брега
Глаза вперив, не молвит слова,
И через челн его нога
Перешагнуть уже готова.
Плывут...
         "Причаливай, старик!
К утесу правь" - и в волны вмиг
Прыгнул пловец нетерпеливый
И берегов уже достиг.
Меж тем, рукой неторопливой
Другой ветрило опустив,
Свой челн к утесу пригоняет,
К подошвам двух союзных ив
Узлом надежным укрепляет,
И входит медленной стопой
На берег дикой и крутой.
Кремень звучит, и пламя вскоре
Далеко осветило море.
Суровый край! Громады скал
На берегу стоят угрюмом;
Об них мятежный бьется вал
И пена плещет; сосны с шумом
Качают старые главы
Над зыбкой пеленой пучины;
Кругом ни цвета, ни травы,
Песок да мох; скалы, стремнины,
Везде хранят клеймо громов
И след потоков истощенных,
И тлеют кости - пир волков
В расселинах окровавленных.
К огню заботливый старик
Простер немеющие руки.
Приметы долголетной муки,
Согбенны кости, тощий лик,
На коем время углубляло

94

Свои последние следы,
Одежда, обувь - всё являло
В нем дикость, нужду и труды.
Но кто же тот? Блистает младость.
В его лице; как вешний цвет
Прекрасен он; но, мнится, радость
Его не знала с детских лет;
В глазах потупленных кручина;
На нем одежда славянина
И на бедре славянский меч.
Славян вот очи голубые,
Вот их и волосы златые,
Волнами падшие до плеч...
Косматым рубищем одетый,
Огнем живительным согретый,
Старик забылся крепким сном.
Но юноша, на перси руки
Задумчиво сложив крестом,
Сидит с нахмуренным челом...
Проходит ночь, огонь погас,
Остыл и пепел; вод пучина
Белеет; близок утра час;
Нисходит сон на славянина.

    Видал он дальные страны,
По суше, по морю носился,
Во дни былые, дни войны,
На западе, на юге бился,
Деля добычу и труды
С суровым племенем Одена,
И перед ним врагов ряды
Бежали, как морская пена
В час бури к черным берегам.
Внимал он радостным хвалам
И арфам скальдов исступленных,
В жилище сильных пировал
И очи дев иноплеменных
Красою чуждой привлекал.
Но сладкий сон не переносит
Теперь героя в край чужой,
В поля, где мчится бурный бой,
Где меч главы героев косит;

Не видит он знакомых скал
Кириаландии печальной,
Ни Альбиона, где искал
Кровавых сеч и славы дальной;
Ему не снится шум валов;
Он позабыл морские битвы,
И пламя яркое костров,
И трубный звук, и лай ловитвы;
Другие грезы и мечты
Волнуют сердце славянина:
Перед ним славянская дружина;
Он узнает ее щиты,
Он снова простирает руки
Товарищам минувших лет,
Забытым в долги дни разлуки,
Которых уж и в мире нет...

Меж тем привычные заботы
Средь усладительной дремоты
Тревожат душу старика:
Во сне он парус развивает,
Плывет по воле ветерка,
Его тихонько увлекает
К заливу светлая река,
И рыба сонная впадает
В тяжелый невод старика;
Всё тихо: море почивает,
Но туча виснет; дальный гром
Над звучной бездною грохочет,
И вот пучина под челном
Кипит, подъемлется, клокочет;
Напрасно к верным берегам
Несчастный возвратиться хочет,
Челнок трещит и - пополам!
Рыбак идет на дно морское,
И, пробудясь, трепещет он,
Глядит окрест: брега в покое,
На полусветлый небосклон
Восходит утро золотое;
С дерев, с утесистых вершин,
Навстречу радостной денницы,

Щебеча, полетели птицы
И рассвело...

ГАВРИИЛИАДА

Воистину еврейки молодой
Мне дорого душевное спасенье.
Приди ко мне, прелестный ангел мой,
И мирное прими благословенье.
Спасти хочу земную красоту!
Любезных уст улыбкою довольный,
Царю небес и господу-Христу
Пою стихи на лире богомольной.
Смиренных струн, быть может, наконец
Ее пленят церковные напевы,
И дух святой сойдет на сердце девы;
Властитель он и мыслей и сердец.

Шестнадцать лет, невинное смиренье,
Бровь темная, двух девственных холмов
Под полотном упругое движенье,
Нога любви, жемчужный ряд зубов...
Зачем же ты, еврейка, улыбнулась,
И по лицу румянец пробежал?
Нет, милая, ты право, обманулась:
Я не тебя, - Марию описал.

В глуши полей, вдали Ерусалима,
Вдали забав и юных волокит
(Которых бес для гибели хранит),
Красавица, никем еще не зрима,
Без прихотей вела спокойный век.
Ее супруг, почтенный человек,
Седой старик, плохой столяр и плотник,
В селенье был единственный работник.
И день и ночь, имея иного дел

97

То с уровнем, то с верною пилою,
То с топором, не много он смотрел
На прелести, которыми владел,
И тайный цвет, которому судьбою
Назначена была иная честь,
На стебельке не смел еще процвесть.
Ленивый муж своею старой лейкой
В час утренний не орошал его;
Он как отец с невинной жил еврейкой,
Ее кормил - и больше ничего.

Но, братие, с небес во время оно
Всевышний бог склонил приветный взор
На стройный стан, на девственное лоно
Рабы своей - и, чувствуя задор,
Он положил в премудрости глубокой
Благословить достойный вертоград,
Сей вертоград, забытый, одинокой,
Щедротою таинственных наград.

Уже поля немая ночь объемлет;
В своем углу Мария сладко дремлет.
Всевышний рек, - и деве снится сон;
Пред нею вдруг открылся небосклон
Во глубине своей необозримой;
В сиянии и славе нестерпимой
Тьмы ангелов волнуются, кипят,
Бесчисленны летают серафимы,
Струнами арф бряцают херувимы,
Архангелы в безмолвии сидят,
Главы закрыв лазурными крылами, -
И, яркими одеян облаками,
Предвечного стоит пред ними трон.
И светел вдруг очам явился он...
Все пали ниц... Умолкнул арфы звон.
Склонив главу, едва Мария дышит,
Дрожит как лист и голос бога слышит:
"Краса земных любезных дочерей,
Израиля надежда молодая!
Зову тебя, любовию пылая,
Причастница ты славы будь моей:

Готовь себя к неведомой судьбине,
Жених грядет, грядет к своей рабыне".

   Вновь облаком оделся божий трон;
Восстал духов крылатый легион,
И раздались небесной арфы звуки...
Открыв уста, сложив умильно руки,
Лицу небес Мария предстоит.
Но что же так волнует и манит
Ее к себе внимательные взоры?
Кто сей в толпе придворных молодых
С нее очей не сводит голубых?
Пернатый шлем, роскошные уборы,
Сиянье крил и локонов златых,
Высокий стан, взор томный и стыдливый -
Всё нравится Марии молчаливой.
Замечен он, один он сердцу мил!
Гордись, гордись, архангел Гавриил!
Пропало всё. - Не внемля детской пени,
На полотне так исчезают тени,
Рожденные в волшебном фонаре.

   Красавица проснулась на заре
И нежилась на ложе томной лени.
Но дивный сон, но милый Гавриил
Из памяти ее не выходил.
Царя небес пленить она хотела,
Его слова приятны были ей,
И перед ним она благоговела, -
Но Гавриил казался ей милей...
Так иногда супругу генерала
Затянутый прельщает адъютант.
Что делать нам? судьба так приказала, -
Согласны в том невежда и педант.

   Поговорим о странностях любви
(Другого я не смыслю разговора).
В те дни, когда от огненного взора
Мы чувствуем волнение в крови,
Когда тоска обманчивых желаний
Объемлет нас и душу тяготит,
И всюду нас преследует, томит

99

Предмет один и думы и страданий, -
Не правда ли? в толпе младых друзей
Наперсника мы ищем и находим.
С ним тайный глас мучительных страстей
Наречием восторгов переводим.
Когда же мы поймали на лету
Крылатый миг небесных упоений
И к радостям на ложе наслаждений
Стыдливую склонили красоту,
Когда любви забыли мы страданье
И нечего нам более желать, -
Чтоб оживить о ней воспоминанье,
С наперсником мы любим поболтать.

И ты, господь! познал ее волненье,
И ты пылал, о боже, как и мы.
Создателю постыло всё творенье,
Наскучило небесное моленье, -
Он сочинял любовные псалмы
И громко пел: "Люблю, люблю Марию,
В унынии бессмертие влачу...
Где крылия? к Марии полечу
И на груди красавицы почию!.."
И прочее... всё, что придумать мог. -
Творец любил восточный, пестрый слог,
Потом, призвав любимца Гавриила,
Свою любовь он прозой объяснял.
Беседы их нам церковь утаила,
Евангелист немного оплошал!
Но говорит армянское преданье,
Что царь небес, не пожалев похвал,
В Меркурии архангела избрал,
Заметя в нем и ум и дарованье -
И вечерком к Марии подослал.
Архангелу другой хотелось чести:
Нередко он в посольствах был счастлив;
Переносить записочки да вести
Хоть выгодно, но он самолюбив.
И славы сын, намеренье сокрыв,
Стал нехотя услужливый угодник
Царю небес... а по земному сводник.

Но, старый враг, не дремлет сатана!
Услышал он, шатаясь в белом свете,
Что бог имел еврейку на примете,
Красавицу, которая должна
Спасти наш род от вечной муки ада.
Лукавому великая досада -
Хлопочет он. Всевышний между тем
На небесах сидел в уныньи сладком,
Весь мир забыл, не правил он ничем -
И без него всё шло своим порядком.

Что ж делает Мария? Где она,
Иосифа печальная супруга?
В своем саду, печальных дум полна,
Проводит час невинного досуга
И снова ждет пленительного сна.
С ее души не сходит образ милый,
К архангелу летит душой унылой.
В прохладе пальм, под говором ручья
Задумалась красавица моя;
Не мило ей цветов благоуханье,
Не весело прозрачных вод журчанье...
И видит вдруг: прекрасная змия,
Приманчивой блистая чешуею,
В тени ветвей качается над нею
И говорит: "Любимица небес!
Не убегай, - я пленник твой послушный..."
Возможно ли? О, чудо из чудес!
Кто ж говорил Марии простодушной,
Кто ж это был? Увы, конечно, бес.

Краса змии, цветов разнообразность,
Ее привет, огонь лукавых глаз
Понравились Марии в тот же час.
Чтоб усладить младого сердца праздность,
На сатане покоя нежный взор,
С ним завела опасный разговор:

"Кто ты, змия? По льстивому напеву,
По красоте, по блеску, по глазам -
Я узнаю того, кто нашу Еву
Привлечь успел к таинственному древу

101

И там склонил несчастную к грехам.
Ты погубил неопытную деву,
А с нею весь адамов род и нас.
Мы в бездне бед невольно потонули.
Не стыдно ли?"

      "Попы вас обманули,
И Еву я не погубил, а спас!"
"Спас! от кого?"

    "От бога"

      "Враг опасный!"
"Он был влюблен..."

    "Послушай, берегись!"
"Он к ней пылал -"

   "Молчи!"

     "- любовью страстной,
Она была в опасности ужасной".
"Змия, ты лжешь!"

    "Ей богу!"

      "Не божись".
"Но выслушай..."

      Подумала Мария:
Не хорошо в саду, наедине,
Украдкою внимать наветам змия,
И кстати ли поверить сатане?
Но царь небес меня хранит и любит,
Всевышний благ: он верно не погубит
Своей рабы, - за что ж? за разговор!
К тому же он не даст меня в обиду,
Да в змия скромна довольно с виду.
Какой тут грех? где зло? пустое, вздор! -
Подумала и ухо приклонила,
Забыв на час любовь и Гавриила.
Лукавый бес, надменно развернув
Гремучий хвост, согнув дугою шею,
С ветвей скользит - и падает пред нею;
Желаний огнь во грудь ее вдохнув,
Он говорит:

    "С рассказом Моисея
Не соглашу рассказа моего:
Он вымыслом хотел пленить еврея,

Он важно лгал, - и слушали его.
Бог наградил в нем слог и ум покорный,
Стал Моисей известный господин,
Но я, поверь, - историк не придворный,
Не нужен мне пророка важный чин!

   Они должны, красавицы другие,
Завидовать огню твоих очей;
Ты рождена, о скромная Мария,
Чтоб изумлять адамовых детей,
Чтоб властвовать над легкими сердцами,
Улыбкою блаженство им дарить,
Сводить с ума двумя-тремя словами,
По прихоти - любить и не любить...
Вот жребий твой. Как ты - младая Ева
В своем саду скромна, умна, мила,
Но без любви в унынии цвела;
Всегда одни, глаз-на-глаз, муж и дева
На берегах Эдема светлых рек
В спокойствии вели невинный век.
Скучна была их дней однообразность.
Ни рощи сень, ни молодость, ни праздность -
Ничто любви не воскрешало в них;
Рука с рукой гуляли, пили, ели,
Зевали днем, а ночью не имели
Ни страстных игр, ни радостей живых...
Что скажешь ты? Тиран несправедливый,
Еврейский бог, угрюмый и ревнивый,
Адамову подругу полюбя,
Ее хранил для самого себя...
Какая честь и что за наслажденье!
На небесах как будто в заточенье,
У ног его молися да молись,
Хвали его, красе его дивись,
Взглянуть не смей украдкой на другого,
С архангелом тихонько молвить слово;
Вот жребий той, которую творец
Себе возьмет в подруги наконец.
И что ж потом? За скуку, за мученье,
Награда вся дьячков осиплых пенье,
Свечи, старух докучная мольба,
Да чад кадил, да образ под алмазом,

Написанный каким-то богомазом...
Как весело! Завидная судьба!

Мне стало жаль моей прелестной Евы;
Решился я, создателю на зло,
Разрушить сон и юноши и девы.
Ты слышала, как всё произошло?
Два яблока, вися на ветке дивной
(Счастливый знак, любви символ призывный),
Открыли ей неясную мечту.
Проснулися неясные желанья;
Она свою познала красоту,
И негу чувств, и сердца трепетанье,
И юного супруга наготу!
Я видел их! любви - моей науки -
Прекрасное начало видел я.
В глухой лесок ушла чета моя...
Там быстро их блуждали взгляды, руки...
Меж милых ног супруги молодой
Заботливый, неловкой и немой,
Адам искал восторгов упоенья,
Неистовым исполненный огнем,
Он вопрошал источник наслажденья
И, закипев душой, терялся в нем...
И не страшась божественного гнева,
Вся в пламени, власы раскинув, Ева,
Едва, едва устами шевеля,
Лобзанием Адаму отвечала,
В слезах любви, в бесчувствии лежал
Под сенью пальм, - и юная земля
Любовников цветами покрывала.

Блаженный день! Увенчанный супруг
Жену ласкал с утра до темной ночи,
Во тьме ночной смыкал он редко очи,
Как их тогда украшен был досуг!
Ты знаешь: бог, утехи прерывая,
Чету мою лишил навеки рая.
Он их изгнал из милой стороны,
Где без трудов они так долго жили
И дни свои невинно проводили
В объятиях ленивой тишины.

Но им открыл я тайну сладострастья
И младости веселые права,
Томленье чувств, восторги, слезы счастья,
И поцелуй, и нежные слова.
Скажи теперь: ужели я предатель?
Ужель Адам несчастлив от меня?
Не думаю, но знаю только я,
Что с Евою остался я приятель".

Умолкнул бес. Мария в тишине
Коварному внимала сатане.
"Что ж? - думала, - быть может, прав лукавый;
Слыхала я: ни почестьми, ни славой,
Ни золотом блаженства не купить;
Слыхала я, что надобно любить...
Любить! Но как, зачем и что такое..."
А между тем вниманье молодое
Ловило всё в рассказах сатаны:
И действия и странные причины,
И смелый слог и вольные картины...
(Охотники мы все до новизны.)
Час от часу неясное начало
Опасных дум казалось ей ясней,
И вдруг змии как будто не бывало -
И новое явленье перед ней:
Мария зрит красавца молодого.
У ног ее, не говоря ни слова,
К ней устремив чудесный блеск очей,
Чего-то он красноречиво просит,
Одной рукой цветочек ей подносит,
Другою мнет простое полотно
И крадется под ризы торопливо,
И легкий перст касается игриво
До милых тайн... Всё для Марии диво,
Всё кажется ей ново, мудрено, -
А между тем румянец не стыдливый
На девственных ланитах заиграл -
И томный жар и вздох нетерпеливый
Младую грудь Марии подымал.
Она молчит: но вдруг не стало мочи,
Закрылися блистательные очи,

К лукавому склонив на грудь главу,
Вскричала: ах!.. и пала на траву...

О милый друг! кому я посвятил
Мой первый сон надежды и желанья,
Красавица, которой был я мил,
Простишь ли мне моя воспоминанья?
Мои грехи, забавы юных дней,
Те вечера, когда в семье твоей,
При матери докучливой и строгой
Тебя томил я тайною тревогой
И просветил невинные красы?
Я научил послушливую руку
Обманывать печальную разлуку
И услаждать безмолвные часы,
Бессонницы девическую муку.
Но молодость утрачена твоя,
От бледных уст улыбка отлетела,
Твоя краса во цвете помертвела...
Простишь ли мне, о милая моя!

Отец греха, Марии враг лукавый,
Ты стал и был пред нею виноват;
Ах, и тебе приятен был разврат...
И ты успел преступною забавой
Всевышнего супругу просветить
И дерзостью невинность изумить.
Гордись, гордись своей проклятой славой!
Спеши ловить... но близок, близок час!
Вот меркнет свет, заката луч угас.
Всё тихо. Вдруг над девой утомленной
Шумя парит архангел окриленный, -
Посол любви, блестящий сын небес.

От ужаса при виде Гавриила
Красавица лицо свое закрыла...
Пред ним восстав, смутился мрачный бес
И говорит: "Счастливец горделивый,
Кто звал тебя? Зачем оставил ты
Небесный двор, эфира высоты?
Зачем мешать утехе молчаливой,
Занятиям чувствительной четы?"

Но Гавриил, нахмуря взгляд ревнивый,
Рек на вопрос и дерзкий и шутливый:
"Безумный враг небесной красоты,
Повеса злой, изгнанник безнадежный,
Ты соблазнил красу Марии нежной
И смеешь мне вопросы задавать!
Беги сейчас, бесстыдник, раб мятежный,
Иль я тебя заставлю трепетать!"
"Не трепетал от ваших я придворных,
Всевышнего прислужников покорных,
От сводников небесного царя!" -
Проклятый рек и, злобою горя,
Наморщив лоб, скосясь, кусая губы,
Архангела ударил прямо в зубы.
Раздался крик, шатнулся Гавриил
И левое колено преклонил;
Но вдруг восстал, исполнен новым жаром,
И сатану нечаянным ударом
Хватил в висок. Бес ахнул, побледнел -
И ворвались в объятия друг другу.
Ни Гавриил, ни бес не одолел:
Сплетенные кружась идут по лугу,
На вражью грудь опершись бородой,
Соединив крест на крест ноги, руки,
То силою, то хитростью науки
Хотят увлечь друг друга за собой.

    Не правда ли? вы помните то поле,
Друзья мои, где в прежни дни, весной,
О ставя класс, играли мы на воле
И тешились отважною борьбой.
Усталые, забыв и брань и речи,
Так ангелы боролись меж собой.
Подземный царь, буян широкоплечий,
Вотще кряхтел с увертливым врагом,
И, наконец, желая кончить разом,
С архангела пернатый сбил шелом,
Златой шелом, украшенный алмазом.
Схватив врага за мягкие власы,
Он сзади гнет могучею рукою
К сырой земле. Мария пред собою
Архангела зрит юные красы

И за него в безмолвии трепещет.
Уж ломит бес, уж ад в восторге плещет;
По счастию проворный Гавриил
Впился ему в то место роковое
(Излишнее почти во всяком бое),
В надменный член, которым бес грешил.
Лукавый пал, пощады запросил
И в темный ад едва нашел дорогу.

   На дивный бой, на страшную тревогу
Красавица глядела чуть дыша;
Когда же к ней, свой подвиг соверша,
Приветливо архангел обратился,
Огонь любви в лице ее разлился
И нежностью исполнилась душа.
Ах, как была еврейка хороша!..

   Посол краснел и чувствия чужие
Так изъяснял в божественных словах:
"О радуйся, невинная Мария!
Любовь с тобой, прекрасна ты в женах;
Стократ блажен твой плод благословенный,
Спасет он мир и ниспровергнет ад...
Но признаюсь душою откровенной,
Отец его блаженнее стократ!"
И перед ней коленопреклоненный
Он между тем ей нежно руку жал...
Потупя взор, прекрасная вздыхала,
И Гавриил ее поцеловал.
Смутясь она краснела и молчала,
Ее груди дерзнул коснуться он...
"Оставь меня!" - Мария прошептала,
И в тот же миг лобзаньем заглушен
Невинности последний крик и стон...

   Что делать ей? Что скажет бог ревнивый?
Не сетуйте, красавицы мои,
О женщины, наперсницы любви,
Умеете вы хитростью счастливой
Обманывать вниманье жениха
И знатоков внимательные взоры,
И на следы приятного греха

Невинности набрасывать уборы...
От матери проказливая дочь
Берет урок стыдливости покорной
И мнимых мук, и с робостью притворной
Играет роль в решительную ночь;
И поутру, оправясь понемногу,
Встает бледна, чуть ходит, так томна.
В восторге муж, мать шепчет: слава богу,
А старый друг стучится у окна.

Уж Гавриил с известием приятным
По небесам летит путем обратным.
Наперсника нетерпеливый бог
Приветствием встречает благодатным:
"Что нового?" - "Я сделал всё, что мог,
Я ей открыл". - "Ну что ж она?" - "Готова!"
И царь небес, не говоря ни слова,
С престола встал и манием бровей
Всех удалил, как древний бог Гомера,
Когда смирял бесчисленных детей;
Но Греции навек погасла вера,
Зевеса нет, мы сделались умней!

Упоена живым воспоминаньем,
В своем углу Мария в тишине
Покоилась на смятой простыне.
Душа горит и негой и желаньем,
Младую грудь волнует новый жар.
Она зовет тихонько Гавриила,
Его любви готовя тайный дар,
Ночной покров ногою отдалила,
Довольный взор с улыбкою склонила,
И, счастлива в прелестной наготе,
Сама своей дивится красоте.
Но между тем в задумчивости нежной
Она грешит, - прелестна и томна,
И чашу пьет отрады безмятежной.
Смеешься ты, лукавый сатана!
И что же! вдруг мохнатый, белокрылый
В ее окно влетает голубь милый,
Над нею он порхает и кружит
И пробует веселые напевы,

109

И вдруг летит в колени милой девы,
Над розою садится и дрожит,
Клюет ее, копышется, ветится,
И носиком и ножками трудится.
Он, точно он! - Мария поняла,
Что в голубе другого угощала;
Колени сжав, еврейка закричала,
Вздыхать, дрожать, молиться начала,
Заплакала, но голубь торжествует,
В жару любви трепещет и воркует,
И падает, объятый легким сном,
Приосеня цветок любви крылом.

Он улетел. Усталая Мария
Подумала: "Вот шалости какие!
Один, два, три! - как это им не лень?
Могу сказать, перенесла тревогу:
Досталась я в один и тот же день
Лукавому, архангелу и богу".

Всевышний бог, как водится, потом
Признал своим еврейской девы сына,
Но Гавриил (завидная судьбина!)
Не преставал являться ей тайком;
Как многие, Иосиф был утешен,
Он пред женой попрежнему безгрешен,
Христа любил как сына своего,
За то господь и наградил его!

Аминь, аминь! Чем кончу я рассказ?
Навек забыв старинные проказы,
Я пел тебя, крылатый Гавриил,
Смиренных струн тебе я посвятил
Усердное, спасительное пенье:
Храни меня, внемли мое моленье!
Досель я был еретиком в любви,
Младых богинь безумный обожатель,
Друг демона, повеса и предатель...
Раскаянье мое благослови!
Приемлю я намеренья благие,
Переменюсь: Елену видел я;
Она мила как нежная Мария!

Подвластна ей навек душа моя.
Моим речам придай очарованье,
Понравиться поведай тайну мне,
В ее душе зажги любви желанье
Не то пойду молиться сатане!
Но дни бегут, и время сединою
Мою главу тишком посеребрит,
И важный брак с любезною женою
Пред алтарем меня соединит.
Иосифа прекрасный утешитель!
Молю тебя, колена преклони,
О рогачей заступник и хранитель,
Молю - тогда благослови меня,
Даруй ты мне беспечность и смиренье,
Даруй ты мне терпенье вновь и вновь
Спокойный сон, в супруге уверенье,
В семействе мир и к ближнему любовь!

ГРАФ НУЛИН

Пора, пора! рога трубят;
Псари в охотничьих уборах
Чем свет уж на конях сидят,
Борзые прыгают на сворах.
Выходит барин на крыльцо;
Всё, подбочась, обозревает,
Его довольное лицо
Приятной важностью сияет.
Чекмень затянутый на нем,
Турецкой нож за кушаком,
За пазухой во фляжке ром,
И рог на бронзовой цепочке.
В ночном чепце, в одном платочке,
Глазами сонными жена
Сердито смотрит из окна
На сбор, на псарную тревогу...

Вот мужу подвели коня;
Он холку хвать и в стремя ногу,
Кричит жене: не жди меня!
И выезжает на дорогу.

  В последних числах сентября
(Презренной прозой говоря)
В деревне скучно: грязь, ненастье,
Осенний ветер, мелкой снег,
Да вой волков; но то-то счастье
Охотнику! Не зная нег,
В отъезжем поле он гарцует,
Везде находит свой ночлег,
Бранится, мокнет и пирует
Опустошительный набег.

  А что же делает супруга
Одна в отсутствии супруга?
Занятий мало ль есть у ней:
Грибы солить, кормить гусей,
Заказывать обед и ужин,
В анбар и в погреб заглянуть,
Хозяйки глаз повсюду нужен;
Он вмиг заметит что-нибудь.

  К несчастью, героиня наша...
(Ах! я забыл ей имя дать.
Муж просто звал ее: Наташа,
Но мы - мы будем называть:
Наталья Павловна) к несчастью,
Наталья Павловна совсем
Своей хозяйственною частью
Не занималася; затем,
Что не в отеческом законе
Она воспитана была,
А в благородном пансионе
У эмигрантки Фальбала.

  Она сидит перед окном.
Пред ней открыт четвертый том
Сентиментального романа:
Любовь Элизы и Армана,

112

Иль переписка двух семей.
Роман классической, старинный,
Отменно длинный, длинный, длинный,
Нравоучительный и чинный,
Без романтических затей.

Наталья Павловна сначала
Его внимательно читала,
Но скоро как-то развлеклась
Перед окном возникшей дракой
Козла с дворовою собакой
И ею тихо занялась.
Кругом мальчишки хохотали.
Меж тем печально, под окном,
Индейки с криком выступали
Вослед за мокрым петухом.
Три утки полоскались в луже,
Шла баба через грязный двор
Белье повесить на забор,
Погода становилась хуже -
Казалось, снег идти хотел...
Вдруг колокольчик зазвенел.

Кто долго жил в глуши печальной,
Друзья, тот верно знает сам,
Как сильно колокольчик дальный
Порой волнует сердце нам.
Не друг ли едет запоздалый,
Товарищ юности удалой?...
Уж не она ли?... Боже мой!
Вот ближе, ближе... сердце бьется...
Но мимо, мимо звук несется,
Слабей..... и смолкнул за горой.

Наталья Павловна к балкону
Бежит обрадована звону,
Глядит и видит: за рекой,
У мельницы, коляска скачет.
Вот на мосту - к нам точно! нет;
Поворотила влево. Вслед
Она глядит и чуть не плачет.

Но вдруг - о радость! косогор -
Коляска на бок. - "Филька, Васька!
Кто там? скорей! вон там коляска.
Сей час везти ее на двор
И барина просить обедать!
Да жив ли он? беги проведать,
Скорей, скорей!..."

Слуга бежит.
Наталья Павловна спешит
Взбить пышный локон, шаль накинуть,
Задернуть завес, стул подвинуть,
И ждет. "Да скоро ль, мой творец?"
Вот едут, едут наконец.
Забрызганный в дороге дальной,
Опасно раненый, печальный
Кой-как тащится экипаж.
Вслед барин молодой хромает.
Слуга-француз не унывает
И говорит: allons, courage![1]
Вот у крыльца, вот в сени входят.
Покаместь барину теперь
Покой особенный отводят
И настежь отворяют дверь -
Пока Picard шумит, хлопочет,
И барин одеваться хочет,
Сказать ли вам, кто он таков?
Граф Нулин из чужих краев,
Где промотал он в вихре моды
Свои грядущие доходы.
Себя казать, как чудный зверь,
В Петрополь едет он теперь
С запасом фраков и жилетов,
Шляп, вееров, плащей, корсетов,
Булавок, запонок, лорнетов,
Цветных платков, чулков a jour[2],
С ужасной книжкою Гизота,
С тетрадью злых карикатур,
С романом новым Вальтер-Скотта,

---

[1] Ну, смелей! (франц.).
[2] Прозрачных (ажурных) (франц.).

С bon-mots[3] парижского двора,
С последней песней Беранжера,
С мотивами Россини, Пера,
Et cetera, et cetera[4].

Уж стол накрыт. Давно пора;
Хозяйка ждет нетерпеливо.
Дверь отворилась. Входит граф;
Наталья Павловна, привстав,
Осведомляется учтиво,
Каков он? что нога его?
Граф отвечает: ничего.
Идут за стол. Вот он садится,
К ней подвигает свой прибор
И начинает разговор,
Святую Русь бранит, дивится,
Как можно жить в ее снегах,
Жалеет о Париже страх...
"А что театр?" - О! сиротеет,
C'est bien mauvais, ça fait pitié[5].
Тальма совсем оглох, слабеет,
И мамзель Марс - увы! стареет...
За то Потье, le grand Potier![6]
Он славу прежнюю в народе
Доныне поддержал один. -
Какой писатель нынче в моде?
- Всё d'Arlincourt и Ламартин. -
"У нас им также подражают".
- Нет? право? так у нас умы
Уж развиваться начинают?
Дай бог, чтоб просветились мы! -
"Как тальи носят?" - Очень низко,
Почти до... вот, по этих пор.
Позвольте видеть ваш убор...
Так: рюши, банты.... здесь узор....
Всё это к моде очень близко. -
"Мы получаем Телеграф".

---

[3] Остротами (франц.).
[4] И так далее, и так далее (франц.).
[5] Он очень плох, он просто жалок (франц.).
[6] Великий Потье! (франц.).

- Ага!... Хотите ли послушать
Прелестный водевиль? - И граф
Поет. "Да, граф, извольте ж кушать".
- Я сыт и так.....

                Изо стола
Встают. Хозяйка молодая
Черезвычайно весела.
Граф, о Париже забывая,
Дивится: как она мила!
Проходит вечер неприметно;
Граф сам не свой. Хозяйки взор
То выражается приветно,
То вдруг потуплен безответно....
Глядишь - и полночь вдруг на двор.
Давно храпит слуга в передней,
Давно поет петух соседний,
В чугунну доску сторож бьет;
В гостиной свечки догорели.
Наталья Павловна встает:
"Пора, прощайте: ждут постели.
Приятный сон".... С досадой встав,
Полувлюбленный, нежный граф
Целует руку ей - и что же?
Куда кокетство не ведет?
Проказница - прости ей, боже! -
Тихонько графу руку жмет.

   Наталья Павловна раздета;
Стоит Параша перед ней.
Друзья мои, Параша эта
Наперсница ее затей;
Шьет, моет, вести переносит,
Изношенных капотов просит,
Порою с барином шалит,
Порой на барина кричит,
И лжет пред барыней отважно.
Теперь она толкует важно
О графе, о делах его,
Не пропускает ничего,
Бог весть, разведать как успела.
Но госпожа ей наконец
Сказала: "полно, надоела!"

Спросила кофту и чепец,
Легла и выдти вон велела.

Своим французом между тем
И граф раздет уже совсем.
Ложится он, сигару просит,
Monsieur Picard ему приносит
Графин, серебряный стакан,
Сигару, бронзовый светильник,
Щипцы с пружиною, будильник
И неразрезанный роман.

В постеле лежа, Вальтер-Скотта
Глазами пробегает он.
Но граф душевно развлечен...
Неугомонная забота
Его тревожит; мыслит он:
"Неужто вправду я влюблен?
Что, если можно?... вот забавно!
Однако ж это было б славно.
Я, кажется, хозяйке мил" -
И Нулин свечку погасил.

Несносный жар его объемлет,
Не спится графу. Бес не дремлет
И дразнит грешною мечтой
В нем чувства. Пылкой наш герой
Воображает очень живо
Хозяйки взор красноречивый,
Довольно круглый, полный стан,
Приятный голос, прямо женской,
Лица румянец деревенской -
Здоровье краше всех румян.
Он помнит кончик ножки нежной,
Он помнит: точно, точно так!
Она ему рукой небрежной
Пожала руку; он дурак,
Он должен бы остаться с нею -
Ловить минутную затею.
Но время не ушло. Теперь
Отворена конечно дверь...
И тотчас, на плеча накинув

Свой пестрый шелковый халат
И стул в потемках опрокинув,
В надежде сладостных наград,
К Лукреции Тарквиний новый
Отправился на всё готовый.

Так иногда лукавый кот,
Жеманный баловень служанки,
За мышью крадется с лежанки:
Украдкой, медленно идет,
Полузажмурясь подступает,
Свернется в ком, хвостом играет,
Разинет когти хитрых лап -
И вдруг бедняжку цап-царап.

Влюбленный граф в потемках бродит,
Дорогу ощупью находит.
Желаньем пламенным томим,
Едва дыханье переводит -
Трепещет, если пол под ним
Вдруг заскрыпит... вот он подходит
К заветной двери и слегка
Жмет ручку медного замка;
Дверь тихо, тихо уступает....
Он смотрит: лампа чуть горит
И бледно спальню освещает...
Хозяйка мирно почивает,
Иль притворяется, что спит.

Он входит, медлит, отступает -
И вдруг упал к ее ногам...
Она... Теперь, с их позволенья,
Прошу я петербургских дам
Представить ужас пробужденья
Натальи Павловны моей
И разрешить, что делать ей?

Она, открыв глаза большие,
Глядит на графа - наш герой
Ей сыплет чувства выписные
И дерзновенною рукой
Коснуться хочет одеяла...

Совсем смутив ее сначала...
Но тут опомнилась она,
И гнева гордого полна,
А впрочем, может быть, и страха,
Она Тарквинию с размаха
Дает - пощечину. Да, да,
Пощечину, да ведь какую!

Сгорел граф Нулин от стыда,
Обиду проглотив такую.
Не знаю, чем бы кончил он,
Досадой страшною пылая -
Но шпиц косматый, вдруг залая,
Прервал Параши крепкой сон.
Услышав граф ее походку
И проклиная свой ночлег
И своенравную красотку,
В постыдный обратился бег.

Как он, хозяйка и Параша
Проводят остальную ночь,
Воображайте. Воля ваша,
Я не намерен вам помочь.

Восстав поутру молчаливо,
Граф одевается лениво,
Отделкой розовых ногтей
Зевая занялся небрежно,
И галстук вяжет неприлежно,
И мокрой щеткою своей
Не гладит стриженых кудрей.
О чем он думает - не знаю;
Но вот его позвали к чаю.
Что делать? Граф, преодолев
Неловкой стыд и тайный гнев,
Идет.

Проказница младая,
Насмешливый потупя взор
И губки алые кусая,
Заводит скромно разговор
О том, о сем. Сперва смущенный,

119

Но постепенно ободренный,
С улыбкой отвечает он.
Получаса не проходило,
Уж он и шутит очень мило,
И чуть ли снова не влюблен.
Вдруг шум в передней. Входят. Кто же?
"Наташа, здравствуй."

      - Ах, мой боже....
Граф, вот мой муж. Душа моя,
Граф Нулин. -

      "Рад сердечно я....
Какая скверная погода....
У кузницы я видел ваш
Совсем готовый экипаж . . .
Наташа! там у огорода
Мы затравили русака...
Эй! водки! Граф, прошу отведать.
Прислали нам издалека...
Вы с нами будете обедать?"
- Не знаю, право; я спешу. -
"И, полно, граф, я вас прошу.
Жена и я, гостям мы рады.
Нет, граф, останьтесь!"
      Но с досады
И все надежды потеряв,
Упрямится печальный граф.
Уж подкрепив себя стаканом,
Пикар крехтит за чемоданом.
Уже к коляске двое слуг
Несут привинчивать сундук.
К крыльцу подвезена коляска,
Пикар всё скоро уложил,
И граф уехал. Тем и сказка
Могла бы кончиться, друзья;
Но слова два прибавлю я.

  Когда коляска ускакала,
Жена всё мужу рассказала
И подвиг графа моего
Всему соседству описала.

Но кто же более всего
С Натальей Павловной смеялся?
Не угадать вам. Почему ж?
Муж? - Как не так! совсем не муж.
Он очень этим оскорблялся,
Он говорил, что граф дурак,
Молокосос; что если так,
То графа он визжать заставит,
Что псами он его затравит.
Смеялся Лидин, их сосед,
Помещик двадцати трех лет.

Теперь мы можем справедливо
Сказать, что в наши времена
Супругу верная жена,
Друзья мои, совсем не диво.

ДОМИК В КОЛОМНЕ

I

Четырестопный ямб мне надоел:
Им пишет всякой. Мальчикам в забаву
Пора б его оставить. Я хотел
Давным-давно приняться за октаву.
А в самом деле: я бы совладел
С тройным созвучием. Пущусь на славу.
Ведь рифмы запросто со мной живут;
Две придут сами, третью приведут.

II

А чтоб им путь открыть широкой, вольный,
Глаголы тотчас им я разрешу...
Вы знаете, что рифмой наглагольной

Гнушаемся мы. Почему? спрошу.
Так писывал Шихматов богомольный;
По большей части так и я пишу.
К чему? скажите; уж и так мы голы.
Отныне в рифмы буду брать глаголы.

III

Не стану их надменно браковать,
Как рекрутов, добившихся увечья,
Иль как коней, за их плохую стать, -
А подбирать союзы да наречья;
Из мелкой сволочи вербую рать.
Мне рифмы нужны; все готов сберечь я,
Хоть весь словарь; что слог, то и солдат -
Все годны в строй: у нас ведь не парад.

IV

Ну, женские и мужеские слоги!
Благословясь, попробуем: слушай!
Ровняйтеся, вытягивайте ноги
И по три в ряд в октаву заезжай!
Не бойтесь, мы не будем слишком строги;
Держись вольней и только не плошай,
А там уже привыкнем, слава богу,
И выедем на ровную дорогу.

V

Как весело стихи свои вести
Под цыфрами, в порядке, строй за строем,
Не позволять им в сторону брести,
Как войску, в пух рассыпанному боем!
Тут каждый слог замечен и в чести,
Тут каждый стих глядит себе героем,
А стихотворец... с кем же равен он?
Он Тамерлан иль сам Наполеон.

VI

Немного отдохнем на этой точке.
Что? перестать или пустить на пе?...
Признаться вам, я в пятистопной строчке
Люблю цезуру на второй стопе.
Иначе стих то в яме, то на кочке,
И хоть лежу теперь на канапе,
Всё кажется мне, будто в тряском беге
По мерзлой пашне мчусь я на телеге.

VII

Что за беда? не всё ж гулять пешком
По невскому граниту иль на бале
Лощить паркет или скакать верхом
В степи киргизской. Поплетусь-ка дале,
Со станции на станцию шажком,
Как говорят о том оригинале,
Который, не кормя, на рысаке
Приехал из Москвы к Неве-реке.

VIII

Скажу, рысак! Парнасской иноходец
Его не обогнал бы. Но Пегас
Стар, зуб уж нет. Им вырытый колодец
Иссох. Порос крапивою Парнас;
В отставке Феб живет, а хороводец
Старушек муз уж не прельщает нас.
И табор свой с классических вершинок
Перенесли мы на толкучий рынок.

IX

Усядься, муза: ручки в рукава,
Под лавку ножки! не вертись, резвушка!
Теперь начнем. - Жила-была вдова,

Тому лет восемь, бедная старушка
С одною дочерью. У Покрова
Стояла их смиренная лачужка
За самой буткой. Вижу как теперь
Светелку, три окна, крыльцо и дверь.

X

Дни три тому туда ходил я вместе
С одним знакомым перед вечерком.
Лачужки этой нет уж там. На месте
Ее построен трехэтажный дом.
Я вспомнил о старушке, о невесте,
Бывало, тут сидевших под окном,
О той поре, когда я был моложе,
Я думал: живы ли они? - И что же?

XI

Мне стало грустно: на высокой дом
Глядел я косо. Если в эту пору
Пожар его бы охватил кругом,
То моему б озлобленному взору
Приятно было пламя. Странным сном
Бывает сердце полно; много вздору
Приходит нам на ум, когда бредем
Одни или с товарищем вдвоем.

XII.

Тогда блажен, кто крепко словом правит
И держит мысль на привязи свою,
Кто в сердце усыпляет или давит
Мгновенно прошипевшую змию;
Но кто болтлив, того молва прославит
Вмиг извергом... Я воды Леты пью,
Мне доктором запрещена унылость:
Оставим это, - сделайте мне милость!

XIII

Старушка (я стократ видал точь-в-точь
В картинах Рембрандта такие лица)
Носила чепчик и очки. Но дочь
Была, ей-ей, прекрасная девица:
Глаза и брови - темные как ночь,
Сама бела, нежна, как голубица;
В ней вкус был образованный. Она
Читала сочиненья Эмина,

XIV

Играть умела также на гитаре
И пела: Стонет сизый голубок,
И Выду ль я, и то, что уж постаре,
Всё, что у печки в зимний вечерок,
Иль скучной осенью при самоваре,
Или весною, обходя лесок,
Поет уныло русская девица,
Как музы наши грустная певица.

XV

Фигурно иль буквально: всей семьей,
От ямщика до первого поэта,
Мы все поем уныло. Грустный вой
Песнь русская. Известная примета!
Начав за здравие, за упокой
Сведем как раз. Печалию согрета
Гармония и наших муз и дев.
Но нравится их жалобный напев

XVI

Параша (так звалась красотка наша)
Умела мыть и гладить, шить и плесть;
Всем домом правила одна Параша.

125

Поручено ей было счеты весть,
При ней варилась гречневая каша
(Сей важный труд ей помогала несть
Стряпуха Фекла, добрая старуха,
Давно лишенная чутья и слуха).

XVII

Старушка мать, бывало, под окном
Сидела; днем она чулок вязала,
А вечером за маленьким столом
Раскладывала карты и гадала.
Дочь, между тем, весь обегала дом,
То у окна, то на дворе мелькала,
И кто бы ни проехал иль ни шел,
Всех успевала видеть (зоркой пол!).

XVIII

Зимою ставни закрывались рано,
Но летом до-ночи растворено
Всё было в доме. Бледная Диана
Глядела долго девушке в окно.
(Без этого ни одного романа
Не обойдется; так заведено!)
Бывало, мать давным-давно храпела,
А дочка - на луну еще смотрела.

XIX

И слушала мяуканье котов
По чердакам, свиданий знак нескромный,
Да стражи дальный крик, да бой часов -
И только. Ночь над мирною Коломной
Тиха отменно. Редко из домов
Мелькнут две тени. Сердце девы томной
Ей слышать было можно, как оно
В упругое толкалось полотно.

XX

По воскресеньям, летом и зимою,
Вдова ходила с нею к Покрову
И становилася перед толпою
У крылоса налево. Я живу
Теперь не там, но верною мечтою
Люблю летать, заснувши наяву,
В Коломну, к Покрову - и в воскресенье
Там слушать русское богослуженье.

XXI

Туда, я помню, ездила всегда
Графиня.... (звали как, не помню, право)
Она была богата, молода;
Входила в церковь с шумом, величаво;
Молилась гордо (где была горда!).
Бывало, грешен; всё гляжу направо,
Всё на нее. Параша перед ней
Казалась, бедная, еще бедней.

XXII

Порой графиня на нее небрежно
Бросала важный взор свой. Но она
Молилась богу тихо и прилежно
И не казалась им развлечена.
Смиренье в ней изображалось нежно;
Графиня же была погружена
В самой себе, в волшебстве моды новой,
В своей красе надменной и суровой.

XXIII

Она казалась хладный идеал
Тщеславия. Его б вы в ней узнали;
Но сквозь надменность эту я читал

Иную повесть: долгие печали,
Смиренье жалоб.... В них-то я вникал,
Невольный взор они-то привлекали....
Но это знать графиня не могла
И, верно, в список жертв меня внесла.

XXIV

Она страдала, хоть была прекрасна
И молода, хоть жизнь ее текла
В роскошной неге; хоть была подвластна
Фортуна ей; хоть мода ей несла
Свой фимиам, - она была несчастна.
Блаженнее стократ ее была,
Читатель, новая знакомка ваша,
Простая, добрая моя Параша.

XXV

Коса змией на гребне роговом,
Из-за ушей змиею кудри русы,
Косыночка крест-на-крест иль узлом,
На тонкой шее восковые бусы -
Наряд простой; но пред ее окном
Всё ж ездили гвардейцы черноусы,
И девушка прельщать умела их
Без помощи нарядов дорогих.

XXVI

Меж ими кто ее был сердцу ближе,
Или равно для всех она была
Душою холодна? увидим ниже,
Покаместь мирно жизнь она вела,
Не думая о балах, о Париже,
Ни о дворе (хоть при дворе жила
Ее сестра двоюродная, Вера
Ивановна, супруга гоф-фурьера).

XXVII

Но горе вдруг их посетило дом:
Стряпуха, возвратясь из бани жаркой,
Слегла. Напрасно чаем и вином,
И уксусом, и мятною припаркой
Ее лечили. В ночь пред рождеством
Она скончалась. С бедною кухаркой
Они простились. В тот же день пришли
За ней и гроб на Охту отвезли.

XXVIII

Об ней жалели в доме, всех же боле
Кот Васька. После вдовушка моя
Подумала, что два, три дня - не доле -
Жить можно без кухарки; что нельзя
Предать свою трапезу божьей воле.
Старушка кличет дочь: "Параша!" - "Я!"
- "Где взять кухарку? сведай у соседки,
Не знает ли. Дешевые так редки". -

XXIX

- "Узнаю, маменька". И вышла вон,
Закутавшись. (Зима стояла грозно,
И снег скрыпел, и синий небосклон,
Безоблачен, в звездах, сиял морозно.)
Вдова ждала Парашу долго; сон
Ее клонил тихонько; было поздно,
Когда Параша тихо к ней вошла,
Сказав: - "Вот я кухарку привела".

XXX

За нею следом, робко выступая,
Короткой юбочкой принарядясь,
Высокая, собою недурная,

Шла девушка и, низко поклонясь,
Прижалась в угол, фартук разбирая.
- "А что возьмешь?" - спросила, обратясь,
Старуха. - "Всё, что будет вам угодно",
Сказала та смиренно и свободно.

XXXI

Вдове понравился ее ответ.
- "А как зовут?" - "А Маврой". - "Ну, Мавруша,
Живи у нас; ты молода, мой свет:
Гоняй мужчин. Покойница Феклуша
Служила мне в кухарках десять лет,
Ни разу долга чести не наруша.
Ходи за мной, за дочерью моей,
Усердна будь; присчитывать не смей". -

XXXII

Проходит день, другой. В кухарке толку
Довольно мало: то переварит,
То пережарит, то с посудой полку
Уронит; вечно всё пересолит. -
Шить сядет - не умеет взять иголку,
Ее бранят - она себе молчит;
Везде, во всем уж как-нибудь подгадит.
Параша бьется, а никак не сладит.

XXXIII

Поутру, в воскресенье, мать и дочь
Пошли к обедне. Дома лишь осталась
Мавруша; видите ль: у ней всю ночь
Болели зубы; чуть жива таскалась;
Корицы нужно было натолочь, -
Пирожное испечь она сбиралась.
Ее оставили; но в церкве вдруг
На старую вдову нашел испуг.

XXXIV

Она подумала: "В Мавруше ловкой
Зачем к пирожному припала страсть?
Пирожница, ей-ей, глядит плутовкой!
Не вздумала ль она нас обокрасть
Да улизнуть? Вот будем мы с обновкой
Для праздника! Ахти, какая страсть!"
Так думая, старушка обмирала
И наконец, не вытерпев, сказала:

XXXV

- "Стой тут, Параша. Я схожу домой,
Мне что-то страшно". Дочь не разумела,
Чего ей страшно. С паперти долой
Чуть-чуть моя старушка не слетела;
В ней сердце билось, как перед бедой.
Пришла в лачужку, в кухню посмотрела, -
Мавруши нет. Вдова к себе в покой
Вошла - и что ж? о боже! страх какой!

XXXVI

Пред зеркальцем Параши, чинно сидя,
Кухарка брилась. Что с моей вдовой?
"Ах, ах!" и шлепнулась. Ее увидя,
Та, второпях, с намыленной щекой
Через старуху (вдовью честь обидя),
Прыгнула в сени, прямо на крыльцо,
Да ну бежать, закрыв себе лицо.

XXXVII

Обедня кончилась; пришла Параша.
- "Что, маменька?" - "Ах, Пашенька моя!
Маврушка..." - "Что, что с ней?" - "Кухарка наша:
Опомниться досель не в силах я...

За зеркальцем... вся в мыле..." - "Воля ваша,
Мне право ничего понять нельзя;
Да где ж Мавруша?" - "Ах, она разбойник!
Она здесь брилась!... точно мой покойник!" -

XXXVIII

Параша закраснелась или нет,
Сказать вам не умею; но Маврушки
С тех пор как не было, - простыл и след!
Ушла, не взяв в уплату ни полушки
И не успев наделать важных бед.
У красной девушки и у старушки
Кто заступил Маврушу? признаюсь,
Не ведаю и кончить тороплюсь.

XXXIX

- "Как, разве все тут? шутите!" - "Ей-богу".
- "Так вот куда октавы нас вели!
К чему ж такую подняли тревогу,
Скликали рать и с похвальбою шли?
Завидную ж вы избрали дорогу!
Ужель иных предметов не нашли?
Да нет ли хоть у вас нравоученья?"
- "Нет... или есть: минуточку терпенья...

XL

Вот вам мораль: по мненью моему,
Кухарку даром нанимать опасно;
Кто ж родился мужчиною, тому
Рядиться в юбку странно и напрасно:
Когда-нибудь придется же ему
Брить бороду себе, что несогласно
С природой дамской... Больше ничего
Не выжмешь из рассказа моего".

ЕЗЕРСКИЙ

I

Над омраченным Петроградом
Осенний ветер тучи гнал,
Дышало небо влажным хладом,
Нева шумела. Бился вал
О пристань набережной стройной,
Как челобитчик беспокойный
Об дверь судейской. Дождь в окно
Стучал печально. Уж темно
Всё становилось. В это время
Иван Езерский, мой сосед,
Вошел в свой тесный кабинет.
Однако ж род его, и племя,
И чин, и службу, и года
Вам знать нехудо, господа.

II

Начнем ab ovo[7]: мой Езерский
Происходил от тех вождей,
Чей дух воинственный и зверской
Был древле ужасом морей.
Одульф, его начальник рода,
Вельми бе грозен воевода,
Гласит Софийский хронограф,
При Ольге сын его Варлаф
Приял крещенье в Цареграде
С рукою греческой княжны;
От них два сына рождены:
Якуб и Дорофей. В засаде
Убит Якуб; а Дорофей
Родил двенадцать сыновей.

---

[7] С самого начала (лат.).

III

Ондрей, по прозвищу Езерский,
Родил Ивана да Илью.
Он в лавре схимился Печерской.
Отсель фамилию свою
Ведут Езерские. При Калке
Один из них был схвачен в свалке,
А там раздавлен, как комар,
Задами тяжкими татар;
За то со славой, хоть с уроном,
Другой Езерский, Елизар,
Упился кровию татар
Между Непрядвою и Доном,
Ударя с тыла в кучу их
С дружиной суздальцев своих.

IV

В века старинной нашей славы,
Как и в худые времена,
Крамол и смуты в дни кровавы,
Блестят Езерских имена.
Они и в войске и в совете,
На воеводстве и в ответе
Служили князям и царям.
Из них Езерский Варлаам
Гордыней славился боярской;
За спор то с тем он, то с другим
С большим бесчестьем выводим
Бывал из-за трапезы царской,
Но снова шел под страшный гнев,
И умер, Сицких пересев.

V

Когда ж от Думы величавой
Приял Романов свой венец,
Когда под мирною державой

Русь отдохнула наконец,
А наши вороги смирились,
Тогда Езерские явились
В великой силе при дворе.
При императоре Петре.....
Но извините: статься может,
Читатель, я вам досадил:
Наш век вас верно просветил,
Вас спесь дворянская не гложет,
И нужды нет вам никакой
До вашей книги родовой...

VI

Кто б ни был ваш родоначальник,
Мстислав Удалый, иль Ермак,
Или Митюшка целовальник,
Вам всё равно — конечно так,
Вы презираете отцами,
Их древней славою, правами
Великодушно и умно,
Вы отреклись от них давно,
Прямого просвещенья ради,
Гордясь, как общей пользы друг,
Ценою собственных заслуг,
Звездой двоюродного дяди,
Иль приглашением на бал
Туда, где дед ваш не бывал.

VII

Я сам — хоть в книжках и словесно
Собратья надо мной трунят —
Я мещанин, как вам известно,
И в этом смысле демократ.
Но каюсь: новый Ходаковский[8],

---

[8] Известный любитель древностей. (Прим. А.С.Пушкина.).

Люблю от бабушки московской
Я слушать толки о родне,
Об отдаленной старине.
Могучих предков правнук бедный,
Люблю встречать их имена
В двух-трех строках Карамзина.
От этой слабости безвредной,
Как ни старался, — видит бог, —
Отвыкнуть я никак не мог.

VIII

Мне жаль, что сих родов боярских
Бледнеет блеск и никнет дух.
Мне жаль, что нет князей Пожарских,
Что о других пропал и слух,
Что их поносит шут Фиглярин,
Что русской ветреный боярин
Теряет грамоты царей
Как старый сбор календарей,
Что исторические звуки
Нам стали чужды — хоть с проста
Из бар мы лезем в tiers-état[9],
Хоть нищи будут наши внуки,
И что спасибо нам за то
Не скажет, кажется, никто.

IX

Мне жаль, что мы, руке наемной
Дозволя грабить свой доход,
С трудом ярем заботы темной
Влачим в столице круглый год,
Что не живем семьею дружной
В довольстве, в тишине досужной,
Старея близ могил родных

---

[9] третье сословие (франц.).

В своих поместьях родовых,
Где в нашем тереме забытом
Растет пустынная трава;
Что геральдического льва
Демократическим копытом
У нас лягает и осел:
Дух века вот куда зашел!

X

Вот почему, архивы роя,
Я разобрал в досужный час
Всю родословную героя,
О ком затеял свой рассказ
И здесь потомству заповедал.
Езерский сам же твердо ведал
Что дед его, великой муж,
Имел пятнадцать тысяч душ.
Из них отцу его досталась
Осьмая часть — и та сполна
Была сперва заложена,
Потом в ломбарде продавалась...
А сам он жалованьем жил
И регистратором служил.

XI

Допросом музу беспокоя,
С усмешкой скажет критик мой:
"Куда завидного героя
Избрали вы! Кто ваш герой?"
— А что? Коллежской регистратор
Какой вы строгой литератор!
Его пою — зачем же нет?
Он мой приятель и сосед.
Державин двух своих соседов
И смерть Мещерского воспел;
Певец Фелицы быть умел
Певцом их свадеб, их обедов

И похорон, сменивших пир,
Хоть этим не смущался мир.

XII

Заметят мне, что есть же разность
Между Державиным и мной,
Что красота и безобразность
Разделены чертой одной,
Что князь Мещерской был сенатор,
А не коллежской регистратор —
Что лучше, ежели поэт
Возьмет возвышенный предмет,
Что нет, к тому же, перевода
Прямым героям; что они
Совсем не чудо в наши дни;
Иль я не этого прихода?
Иль разве меж моих друзей
Двух, трех великих нет людей?

XIII

Зачем крутится ветр в овраге,
Подъемлет лист и пыль несет,
Когда корабль в недвижной влаге
Его дыханья жадно ждет?
Зачем от гор и мимо башен
Летит орел, тяжел и страшен,
На черный пень? Спроси его.
Зачем Арапа своего
Младая любит Дездемона,
Как месяц любит ночи мглу?
Затем, что ветру и орлу
И сердцу девы нет закона.
Гордись: таков и ты поэт,
И для тебя условий нет.

XIV

Исполнен мыслями златыми,
Непонимаемый никем,
Перед распутьями земными
Проходишь ты, уныл и нем.
С толпой не делишь ты ни гнева,
Ни нужд, ни хохота, ни рева,
Ни удивленья, ни труда.
Глупец кричит: куда? куда?
Дорога здесь. Но ты не слышишь,
Идешь, куда тебя влекут
Мечты златые; тайный труд
Тебе награда; им ты дышишь,
А плод его бросаешь ты
Толпе, рабыне суеты.

XV

Скажите: экой вздор, иль bravo,
Иль не скажите ничего —
Я в том стою — имел я право
Избрать соседа моего
В герои повести смиренной,
Хоть человек он не военный,
Не второклассный Дон-Жуан,
Не демон — даже не цыган,
А просто гражданин столичный,
Каких встречаем всюду тьму,
Ни по лицу, ни по уму
От нашей братьи не отличный,
Довольно смирный и простой,
А впрочем, малый деловой

КАВКАЗСКИЙ ПЛЕННИК

ПОСВЯЩЕНИЕ

Н. Н. РАЕВСКОМУ

Прими с улыбкою, мой друг,
Свободной музы приношенье:
Тебе я посвятил изгнанной лиры пенье
И вдохновенный свой досуг.
Когда я погибал, безвинный, безотрадный,
И шопот клеветы внимал со всех сторон,
Когда кинжал измены хладный,
Когда любви тяжелый сон
Меня терзали и мертвили,
Я близ тебя еще спокойство находил;
Я сердцем отдыхал - друг друга мы любили:
И бури надо мной свирепость утомили,
Я в мирной пристани богов благословил.
Во дни печальные разлуки
Мои задумчивые звуки
Напоминали мне Кавказ,
Где пасмурный Бешту[10], пустынник величавый,
Аулов[11] и полей властитель пятиглавый,
Был новый для меня Парнас.
Забуду ли его кремнистые вершины,
Гремучие ключи, увядшие равнины,
Пустыни знойные, края, где ты со мной
Делил души младые впечатленья;
Где рыскает в горах воинственный разбой,
И дикой гений вдохновенья
Таится в тишине глухой?
Ты здесь найдешь воспоминанья,
Быть может, милых сердцу дней,
Противуречия страстей,
Мечты знакомые, знакомые страданья

---

[10] Бешту, или, правильнее, Бештау, кавказская гора в 40 верстах от Георгиевска. Известна в нашей истории.
[11] Аул. Так называются деревни кавказских народов.

И тайный глас души моей.
Мы в жизни розно шли: в объятиях покоя
Едва, едва расцвел и вслед отца-героя
В поля кровавые, под тучи вражьих стрел,
Младенец избранный, ты гордо полетел.
Отечество тебя ласкало с умиленьем,
Как жертву милую, как верный цвет надежд.
Я рано скорбь узнал, постигнут был гоненьем;
Я жертва клеветы и мстительных невежд;
Но сердце укрепив свободой и терпеньем,
 Я ждал беспечно лучших дней;
 И счастие моих друзей
 Мне было сладким утешеньем.

ЧАСТЬ ПЕРВАЯ

В ауле, на своих порогах,
Черкесы праздные сидят.
Сыны Кавказа говорят
О бранных, гибельных тревогах,
О красоте своих коней,
О наслажденьях дикой неги;
Воспоминают прежних дней
Неотразимые набеги,
Обманы хитрых узденей[12],
Удары шашек[13] их жестоких,
И меткость неизбежных стрел,
И пепел разоренных сел,
И ласки пленниц чернооких.

Текут беседы в тишине;
Луна плывет в ночном тумане;
И вдруг пред ними на коне
Черкес. Он быстро на аркане
Младого пленника влачил.

---

[12] Уздень, начальник или князь.
[13] Шашка, черкесская сабля.

"Вот русской!" - хищник возопил.
Аул на крик его сбежался
Ожесточенною толпой;
Но пленник хладный и немой,
С обезображенной главой,
Как труп, недвижим оставался.
Лица врагов не видит он,
Угроз и криков он не слышит;
Над ним летает смертный сон
И холодом тлетворным дышит.

    И долго пленник молодой
Лежал в забвении тяжелом.
Уж полдень над его главой
Пылал в сиянии веселом;
И жизни дух проснулся в нем,
Невнятный стон в устах раздался,
Согретый солнечным лучом,
Несчастный тихо приподнялся.
Кругом обводит слабый взор...
И видит: неприступных гор
Над ним воздвигнулась громада,
Гнездо разбойничьих племен,
Черкесской вольности ограда.
Воспомнил юноша свой плен,
Как сна ужасного тревоги,
И слышит: загремели вдруг
Его закованные ноги...
Всё, всё сказал ужасный звук;
Затмилась перед ним природа.
Прости, священная свобода!
Он раб.

        За саклями[14] лежит
Он у колючего забора.
Черкесы в поле, нет надзора,
В пустом ауле всё молчит.
Пред ним пустынные равнины
Лежат зеленой пеленой;
Там холмов тянутся грядой
Однообразные вершины;

---

[14] Сакля, хижина.

Меж них уединенный путь
В дали теряется угрюмой:
И пленника младого грудь
Тяжелой взволновалась думой...

В Россию дальный путь ведет,
В страну, где пламенную младость
Он гордо начал без забот;
Где первую познал он радость,
Где много милого любил,
Где обнял грозное страданье,
Где бурной жизнью погубил
Надежду, радость и желанье,
И лучших дней воспоминанье
В увядшем сердце заключил.

Людей и свет изведал он,
И знал неверной жизни цену.
В сердцах друзей нашед измену,
В мечтах любви безумный сон,
Наскуча жертвой быть привычной
Давно презренной суеты,
И неприязни двуязычной,
И простодушной клеветы,
Отступник света, друг природы,
Покинул он родной предел
И в край далекий полетел
С веселым призраком свободы.

Свобода! он одной тебя
Еще искал в пустынном мире.
Страстями чувства истребя,
Охолодев к мечтам и к лире,
С волненьем песни он внимал,
Одушевленные тобою,
И с верой, пламенной мольбою
Твой гордый идол обнимал.

Свершилось... целью упованья
Не зрит он в мире ничего.
И вы, последние мечтанья,
И вы сокрылись от него.

Он раб. Склонясь главой на камень,
Он ждет, чтоб с сумрачной зарей
Погас печальной жизни пламень,
И жаждет сени гробовой.

     Уж меркнет солнце за горами;
Вдали раздался шумный гул;
С полей народ идет в аул,
Сверкая светлыми косами.
Пришли. В домах зажглись огни,
И постепенно шум нестройный
Умолкнул; всё в ночной тени
Объято негою спокойной;
Вдали сверкает горный ключ,
Сбегая с каменной стремнины;
Оделись пеленою туч
Кавказа спящие вершины...
Но кто, в сиянии луны,
Среди глубокой тишины
Идет, украдкою ступая?
Очнулся русской. Перед ним,
С приветом нежным и немым,
Стоит черкешенка младая.
На деву молча смотрит он
И мыслит: это лживый сон,
Усталых чувств игра пустая.
Луною чуть озарена,
С улыбкой жалости отрадной
Колена преклонив, она
К его устам кумыс[15] прохладный
Подносит тихою рукой.
Но он забыл сосуд целебный;
Он ловит жадною душой
Приятной речи звук волшебный
И взоры девы молодой.
Он чуждых слов не понимает;
Но взор умильный, жар ланит,
Но голос нежный говорит:

---

[15] Кумыс делается из кобыльего молока; напиток сей в большом употреблении между всеми горскими и кочующими народами Азии. Он довольно приятен вкусу и почитается весьма здоровым.

Живи! и пленник оживает.
И он, собрав остаток сил,
Веленью милому покорный,
Привстал - и чашей благотворной
Томленье жажды утолил.
Потом на камень вновь склонился
Отягощенною главой,
Но всё к черкешенке младой
Угасший взор его стремился.
И долго, долго перед ним
Она, задумчива, сидела;
Как бы участием немым
Утешить пленника хотела;
Уста невольно каждый час
С начатой речью открывались;
Она вздыхала, и не раз
Слезами очи наполнялись.

За днями дни прошли как тень.
В горах, окованный, у стада
Проводит пленник каждый день.
Пещеры влажная прохлада
Его скрывает в летний зной;
Когда же рог луны сребристой
Блеснет за мрачною горой,
Черкешенка, тропой тенистой,
Приносит пленнику вино,
Кумыс, и ульев сот душистый,
И белоснежное пшено;
С ним тайный ужин разделяет;
На нем покоит нежный взор;
С неясной речию сливает
Очей и знаков разговор;
Поет ему и песни гор,
И песни Грузии счастливой,[16]
И памяти нетерпеливой

---

[16] Счастливый климат Грузии не вознаграждает сию прекрасную страну за все бедствия, вечно ею претерпеваемые. Песни грузинские приятны и по большей части заунывны. Они славят минутные успехи кавказского оружия, смерть наших героев: Бакунина и Цицианова, измены, убийства — иногда любовь и наслаждения.

Передает язык чужой.
Впервые девственной душой
Она любила, знала счастье;
Но русской жизни молодой
Давно утратил сладострастье.
Не мог он сердцем отвечать
Любви младенческой, открытой -
Быть может, сон любви забытой
Боялся он воспоминать.

Не вдруг увянет наша младость,
Не вдруг восторги бросят нас,
И неожиданную радость
Еще обнимем мы не раз:
Но вы, живые впечатленья,
Первоначальная любовь,
Небесный пламень упоенья,
Не прилетаете вы вновь.

Казалось, пленник безнадежный
К унылой жизни привыкал.
Тоску неволи, жар мятежный
В душе глубоко он скрывал.
Влачася меж угрюмых скал,
В час ранней, утренней прохлады,
Вперял он любопытный взор
На отдаленные громады
Седых, румяных, синих гор.
Великолепные картины!
Престолы вечные снегов,
Очам казались их вершины
Недвижной цепью облаков,
И в их кругу колосс двуглавый,
В венце блистая ледяном,
Эльбрус огромный, величавый,
Белел на небе голубом[17].

---

[17] Державин в превосходной своей оде графу Зубову первый изобразил в следующих строфах дикие картины Кавказа:

О юный вождь, сверша походы,
Прошел ты с воинством Кавказ,

Зрел ужасы, красы природы:
Как с ребр там страшных гор лиясь,
Ревут в мрак бездн сердиты реки;
Как с чел их с грохотом снега
Падут, лежавши целы веки;
Как серны, вниз склонив рога,
Зрят в мгле спокойно под собою
Рожденье молний и громов.

   Ты зрел, как ясною порою
Там солнечны лучи, средь льдов,
Средь вод, играя, отражаясь,
Великолепный кажут вид;
Как, в разноцветных рассеваясь
Там брызгах, тонкий дождь горит;
Как глыба там сизоянтарна,
Навесясь, смотрит в темный бор;
А там заря златобагряна
Сквозь лес увеселяет взор.

Жуковский, в своем послании к Г. Воейкову, также посвящает несколько
прелестных стихов описанию Кавказа:

   Ты зрел, как Терек в быстром беге
Меж виноградников шумел,
Где, часто притаясь на бреге,
Чеченец иль черкес сидел,
Под буркой, с гибельным арканом;
И вдалеке перед тобой,
Одеты голубым туманом,
Гора вздымалась над горой,
И в сонме их гигант седой,
Как туча, Эльборус двуглавый.
Ужасною и величавой
Там всё блистает красотой:
Утесов мшистые громады,
Бегущи с ревом водопады
Во мрак пучин с гранитных скал;
Леса, которых сна от века
Ни стук секир, ни человека
Веселый глас не возмущал,
В которых сумрачные сени
Еще луч дневный не проник,
Где изредка одни елени,

Когда, с глухим сливаясь гулом,
Предтеча бури, гром гремел,
Как часто пленник над аулом
Недвижим на горе сидел!
У ног его дымились тучи,
В степи взвивался прах летучий;
Уже приюта между скал
Елень испуганный искал;
Орлы с утесов подымались
И в небесах перекликались;
Шум табунов, мычанье стад

Орла послышав грозный крик,
Теснясь в толпу, шумят ветвями,
И козы легкими ногами
Перебегают по скалам.
Там всё является очам
Великолепие творенья!
Но там, среди уединенья
Долин, таящихся в горах,
Гнездятся и балкар, и бах,
И абазех, и камуцинец,
И корбулак, и албазинец,
И чечереец, и шапсук.
Пищаль, кольчуга, сабля, лук
И конь, соратник быстроногий -
Их и сокровища и боги;
Как серны скачут по горам,
Бросают смерть из-за утеса;
Или по топким берегам,
В траве высокой в чаще леса
Рассыпавшись, добычи ждут;
Скалы свободы их приют.
Но дни в аулах их бредут
На костылях угрюмой лени:
Там жизнь их - сон; стеснясь в кружок
И в братский с табаком горшок
Вонзивши чубуки, как тени,
В дыму клубящемся сидят
И об убийствах говорят;
Иль хвалят меткие пищали,
Из коих деды их стреляли;
Иль сабли на кремнях острят,
Готовясь на убийства новы.

Уж гласом бури заглушались...
И вдруг на долы дождь и град
Из туч сквозь молний извергались;
Волнами роя крутизны,
Сдвигая камни вековые,
Текли потоки дождевые -
А пленник, с горной вышины,
Один, за тучей громовою,
Возврата солнечного ждал,
Недосягаемый грозою,
И бури немощному вою
С какой-то радостью внимал.

Но европейца всё вниманье
Народ сей чудный привлекал.
Меж горцев пленник наблюдал
Их веру, нравы, воспитанье,
Любил их жизни простоту,
Гостеприимство, жажду брани,
Движений вольных быстроту,
И легкость ног, и силу длани;
Смотрел по целым он часам,
Как иногда черкес проворный,
Широкой степью, по горам,
В косматой шапке, в бурке черной,
К луке склонясь, на стремена
Ногою стройной опираясь,
Летал по воле скакуна,
К войне заране приучаясь.
Он любовался красотой
Одежды бранной и простой.
Черкес оружием обвешен;
Он им гордится, им утешен;
На нем броня, пищаль, колчан,
Кубанский лук, кинжал, аркан
И шашка, вечная подруга
Его трудов, его досуга.
Ничто его не тяготит,
Ничто не брякнет; пеший, конный -
Всё тот же он; всё тот же вид
Непобедимый, непреклонный.
Гроза беспечных казаков,

Его богатство - конь ретивый,
Питомец горских табунов,
Товарищ верный, терпеливый.
В пещере иль в траве глухой
Коварный хищник с ним таится
И вдруг, внезапною стрелой,
Завидя путника, стремится;
В одно мгновенье верный бой
Решит удар его могучий,
И странника в ущелья гор
Уже влечет аркан летучий.
Стремится конь во весь опор,
Исполнен огненной отваги;
Всё путь ему: болото, бор,
Кусты, утесы и овраги;
Кровавый след за ним бежит,
В пустыне топот раздается;
Седой поток пред ним шумит -
Он в глубь кипящую несется;
И путник, брошенный ко дну,
Глотает мутную волну,
Изнемогая смерти просит
И зрит ее перед собой...
Но мощный конь его стрелой
На берег пенистый выносит.

Иль ухватив рогатый пень,
В реку низверженный грозою,
Когда на холмах пеленою
Лежит безлунной ночи тень,
Черкес на корни вековые,
На ветви вешает кругом
Свои доспехи боевые,
Щит, бурку, панцырь и шелом,
Колчан и лук - и в быстры волны
За ним бросается потом,
Неутомимый и безмолвный.
Глухая ночь. Река ревет;
Могучий ток его несет
Вдоль берегов уединенных,
Где на курганах возвышенных,
Склонясь на копья, казаки

Глядят на темный бег реки -
И мимо их, во мгле чернея,
Плывет оружие злодея...
О чем ты думаешь, казак?
Воспоминаешь прежни битвы,
На смертном поле свой бивак,
Полков хвалебные молитвы
И родину?... Коварный сон!
Простите, вольные станицы,
И дом отцов, и тихой Дон,
Война и красные девицы!
К брегам причалил тайный враг,
Стрела выходит из колчана,
Взвилась - и падает казак
С окровавленного кургана.

Когда же с мирною семьей
Черкес в отеческом жилище
Сидит ненастною порой,
И тлеют угли в пепелище;
И, спрянув с верного коня,
В горах пустынных запоздалый,
К нему войдет пришлец усталый
И робко сядет у огня:
Тогда хозяин благосклонный
С приветом, ласково, встает
И гостю в чаше благовонной
Чихирь[18] отрадный подает.
Под влажной буркой, в сакле дымной,
Вкушает путник мирный сон,
И утром оставляет он
Ночлега кров гостеприимный[19].

Бывало, в светлый Баиран[20]

---

[18] Чихирь, красное грузинское вино.
[19] Черкесы, как и все дикие народы, отличаются пред нами гостеприимством. Гость становится для них священною особою. Предать его или не защитить почитается меж ними за величайшее бесчестие. Кунак (т.е. приятель, знакомый) отвечает жизнию за вашу безопасность, и с ним вы можете углубиться в самую средину кабардинских гор.
[20] Байран, или байрам, праздник разговенья. Рамазан, музульманский пост.

Сберутся юноши толпою;
Игра сменяется игрою.
То, полный разобрав колчан,
Они крылатыми стрелами
Пронзают в облаках орлов;
То с высоты крутых холмов
Нетерпеливыми рядами,
При данном знаке, вдруг падут,
Как лани землю поражают,
Равнину пылью покрывают
И с дружным топотом бегут.

Но скучен мир однообразный
Сердцам, рожденным для войны,
И часто игры воли праздной
Игрой жестокой смущены.
Нередко шашки грозно блещут
В безумной резвости пиров,
И в прах летят главы рабов,
И в радости младенцы плещут.

Но русской равнодушно зрел
Сии кровавые забавы.
Любил он прежде игры славы
И жаждой гибели горел.
Невольник чести беспощадной,
Вблизи видал он свой конец,
На поединках твердый, хладный,
Встречая гибельный свинец,
Быть может, в думу погруженный,
Он время то воспоминал,
Когда, друзьями окруженный,
Он с ними шумно пировал...
Жалел ли он о днях минувших,
О днях, надежду обманувших,
Иль, любопытный, созерцал
Суровой простоты забавы
И дикого народа нравы
В сем верном зеркале читал -
Таил в молчаньи он глубоком
Движенья сердца своего,
И на челе его высоком

Не изменялось ничего;
Беспечной смелости его
Черкесы грозные дивились,
Щадили век его младой
И шопотом между собой
Своей добычею гордились.

ЧАСТЬ ВТОРАЯ

Ты их узнала, дева гор,
Восторги сердца, жизни сладость;
Твой огненный, невинный взор
Высказывал любовь и радость.
Когда твой друг во тьме ночной
Тебя лобзал немым лобзаньем,
Сгорая негой и желаньем,
Ты забывала мир земной,
Ты говорила: "пленник милый,
Развесели свой взор унылый,
Склонись главой ко мне на грудь,
Свободу, родину забудь.
Скрываться рада я в пустыне
С тобою, царь души моей!
Люби меня; никто доныне
Не целовал моих очей;
К моей постеле одинокой
Черкес младой и черноокой
Не крался в тишине ночной;
Слыву я девою жестокой,
Неумолимой красотой.
Я знаю жребий мне готовый:
Меня отец и брат суровый
Немилому продать хотят
В чужой аул ценою злата;
Но умолю отца и брата,
Не то - найду кинжал иль яд.
Непостижимой, чудной силой
К тебе я вся привлечена;

Люблю тебя, невольник милый,
Душа тобой упоена..."

     Но он с безмолвным сожаленьем
На деву страстную взирал
И, полный тяжким размышленьем,
Словам любви ее внимал.
Он забывался. В нем теснились
Воспоминанья прошлых дней,
И даже слезы из очей
Однажды градом покатились.
Лежала в сердце, как свинец,
Тоска любви без упованья.
Пред юной девой наконец
Он излиял свои страданья:

     "Забудь меня; твоей любви,
Твоих восторгов я не стою.
Бесценных дней не трать со мною;
Другого юношу зови.
Его любовь тебе заменит
Моей души печальный хлад;
Он будет верен, он оценит
Твою красу, твой милый взгляд,
И жар младенческих лобзаний,
И нежность пламенных речей;
Без упоенья, без желаний
Я вяну жертвою страстей.
Ты видишь след любви несчастной,
Душевной бури след ужасный;
Оставь меня; но пожалей
О скорбной участи моей!
Несчастный друг, зачем не прежде
Явилась ты моим очам,
В те дни как верил я надежде
И упоительным мечтам!
Но поздно: умер я для счастья,
Надежды призрак улетел;
Твой друг отвык от сладострастья,
Для нежных чувств окаменел...

Как тяжко мертвыми устами
Живым лобзаньям отвечать
И очи полные слезами
Улыбкой хладною встречать!
Измучась ревностью напрасной,
Уснув бесчувственной душой,
В объятиях подруги страстной
Как тяжко мыслить о другой!..

Когда так медленно, так нежно
Ты пьешь лобзания мои,
И для тебя часы любви
Проходят быстро, безмятежно;
Снедая слезы в тишине
Тогда рассеянный, унылый
Перед собою, как во сне,
Я вижу образ вечно милый;
Его зову, к нему стремлюсь,
Молчу, не вижу, не внимаю;
Тебе в забвеньи предаюсь
И тайный призрак обнимаю.
Об нем в пустыне слезы лью;
Повсюду он со мною бродит
И мрачную тоску наводит
На душу сирую мою.

Оставь же мне мои железы,
Уединенные мечты,
Воспоминанья, грусть и слезы:
Их разделить не можешь ты.
Ты сердца слышала признанье;
Прости... дай руку - на прощанье.
Не долго женскую любовь
Печалит хладная разлука;
Пройдет любовь, настанет скука,
Красавица полюбит вновь".

Раскрыв уста, без слез рыдая,
Сидела дева молодая.
Туманный, неподвижный взор
Безмолвный выражал укор;
Бледна как тень, она дрожала;

В руках любовника лежала
Ее холодная рука;
И наконец любви тоска
В печальной речи излилася:

"Ах, русской, русской, для чего,
Не зная сердца твоего,
Тебе навек я предалася!
Не долго на груди твоей
В забвеньи дева отдыхала;
Не много радостных ночей
Судьба на долю ей послала!
Придут ли вновь когда-нибудь?
Ужель навек погибла радость?..
Ты мог бы, пленник, обмануть
Мою неопытную младость,
Хотя б из жалости одной,
Молчаньем, ласкою притворной;
Я услаждала б жребий твой
Заботой нежной и покорной;
Я стерегла б минуты сна,
Покой тоскующего друга;
Ты не хотел... Но кто ж она,
Твоя прекрасная подруга?
Ты любишь, русской? ты любим?
Понятны мне твои страданья...
Прости ж и ты мои рыданья,
Не смейся горестям моим".

Умолкла. Слезы и стенанья
Стеснили бедной девы грудь.
Уста без слов роптали пени.
Без чувств, обняв его колени,
Она едва могла дохнуть.
И пленник, тихою рукою
Подняв несчастную, сказал:
"Не плачь: и я гоним судьбою,
И муки сердца испытал.
Нет, я не знал любви взаимной,
Любил один, страдал один;
И гасну я, как пламень дымный,
Забытый средь пустых долин;

Умру вдали брегов желанных;
Мне будет гробом эта степь;
Здесь на костях моих изгнанных
Заржавит тягостная цепь..."

Светила ночи затмевались;
В дали прозрачной означались
Громады светлоснежных гор;
Главу склонив, потупя взор,
Они в безмолвии расстались.

Унылый пленник с этих пор
Один окрест аула бродит.
Заря на знойный небосклон
За днями новы дни возводит;
За ночью ночь вослед уходит;
Вотще свободы жаждет он.
Мелькнет ли серна меж кустами,
Проскачет ли во мгле сайгак:
Он, вспыхнув, загремит цепями,
Он ждет, не крадется ль казак,
Ночной аулов разоритель,
Рабов отважный избавитель.
Зовет... но всё кругом молчит;
Лишь волны плещутся бушуя,
И человека зверь почуя,
В пустыню темную бежит.

Однажды слышит русской пленный,
В горах раздался клик военный:
"В табун, в табун!" Бегут, шумят;
Уздечки медные гремят,
Чернеют бурки, блещут брони,
Кипят оседланные кони,
К набегу весь аул готов,
И дикие питомцы брани
Рекою хлынули с холмов
И скачут по брегам Кубани
Сбирать насильственные дани.

Утих аул; на солнце спят
У саклей псы сторожевые.

Младенцы смуглые, нагие
В свободной резвости шумят;
Их прадеды в кругу сидят,
Из трубок дым виясь синеет.
Они безмолвно юных дев
Знакомый слушают припев,
И старцев сердце молодеет.

ЧЕРКЕССКАЯ ПЕСНЯ

1

В реке бежит гремучий вал;
В горах безмолвие ночное;
Казак усталый задремал,
Склонясь на копие стальное.
Не спи, казак: во тьме ночной
Чеченец ходит за рекой.

2

Казак плывет на челноке,
Влача по дну речному сети.
Казак, утонешь ты в реке,
Как тонут маленькие дети,
Купаясь жаркою порой:
Чеченец ходит за рекой.

3

На берегу заветных вод
Цветут богатые станицы;
Веселый пляшет хоровод.
Бегите, русские певицы,
Спешите, красные, домой:
Чеченец ходит за рекой.

Так пели девы. Сев на бреге,

Мечтает русской о побеге;
Но цепь невольника тяжка,
Быстра глубокая река...
Меж тем, померкнув, степь уснула,
Вершины скал омрачены.
По белым хижинам аула
Мелькает бледный свет луны;
Елени дремлют над водами,
Умолкнул поздний крик орлов,
И глухо вторится горами
Далекий топот табунов.

Тогда кого-то слышно стало,
Мелькнуло девы покрывало,
И вот - печальна и бледна
К нему приближилась она.
Уста прекрасной ищут речи;
Глаза исполнены тоской,
И черной падают волной
Ее власы на грудь и плечи.
В одной руке блестит пила,
В другой кинжал ее булатный;
Казалось, будто дева шла
На тайный бой, на подвиг ратный.

На пленника возведши взор,
"Беги, - сказала дева гор: -
Нигде черкес тебя не встретит.
Спеши; не трать ночных часов;
Возьми кинжал: твоих следов
Никто во мраке не заметит".

Пилу дрожащей взяв рукой,
К его ногам она склонилась;
Визжит железо под пилой,
Слеза невольная скатилась -
И цепь распалась и гремит.
"Ты волен, - дева говорит, -
Беги!" Но взгляд ее безумный
Любви порыв изобразил.
Она страдала. Ветер шумный,
Свистя, покров ее клубил.

"О друг мой! - русской возопил, -
Я твой навек, я твой до гроба.
Ужасный край оставим оба,
Беги со мной..." - "Нет, русской, нет!
Она исчезла, жизни сладость;
Я знала всё, я знала радость,
И всё прошло, пропал и след.
Возможно ль? ты любил другую!..
Найди ее, люби ее;
О чем же я еще тоскую?
О чем уныние мое?. .
Прости! любви благословенья
С тобою будут каждый час.
Прости - забудь мои мученья,
Дай руку мне... в последний раз".

      К черкешенке простер он руки,
Воскресшим сердцем к ней летел,
И долгий поцелуй разлуки
Союз любви запечатлел.
Рука с рукой, унынья полны,
Сошли ко брегу в тишине -
И русской в шумной глубине
Уже плывет и пенит волны,
Уже противных скал достиг,
Уже хватается за них...
Вдруг волны глухо зашумели,
И слышен отдаленный стон..
На дикой брег выходит он,
Глядит назад... брега яснели
И опененные белели;
Но нет черкешенки младой
Ни у брегов, ни под горой...
Всё мертво... на брегах уснувших
Лишь ветра слышен легкой звук,
И при луне в водах плеснувших
Струистый исчезает круг.

      Всё понял он. Прощальным взором
Объемлет он в последний раз
Пустой аул с его забором,
Поля, где пленный стадо пас,

Стремнины, где влачил оковы,
Ручей, где в полдень отдыхал,
Когда в горах черкес суровый
Свободы песню запевал.

Редел на небе мрак глубокой,
Ложился день на темный дол,
Взошла заря. Тропой далекой
Освобожденный пленник шел;
И перед ним уже в туманах
Сверкали русские штыки,
И окликались на курганах
Сторожевые казаки.

ЭПИЛОГ

Так Муза, легкой друг Мечты,
К пределам Азии летала
И для венка себе срывала
Кавказа дикие цветы.
Ее пленял наряд суровый
Племен, возросших на войне,
И часто в сей одежде новой
Волшебница являлась мне;
Вокруг аулов опустелых
Одна бродила по скалам
И к песням дев осиротелых
Она прислушивалась там;
Любила бранные станицы,
Тревоги смелых казаков,
Курганы, тихие гробницы,
И шум, и ржанье табунов.
Богиня песен и рассказа,
Воспоминания полна,
Быть может, повторит она
Преданья грозного Кавказа;
Расскажет повесть дальних стран,

Мстислава[21] древний поединок,
Измены, гибель россиян
На лоне мстительных грузинок;
И воспою тот славный час,
Когда, почуя бой кровавый,
На негодующий Кавказ
Подъялся наш орел двуглавый;
Когда на Тереке седом
Впервые грянул битвы гром
И грохот русских барабанов,
И в сече, с дерзостным челом,
Явился пылкий Цицианов;
Тебя я воспою, герой,
О Котляревский, бич Кавказа!
Куда ни мчался ты грозой -
Твой ход, как черная зараза,
Губил, ничтожил племена...
Ты днесь покинул саблю мести,
Тебя не радует война;
Скучая миром, в язвах чести,
Вкушаешь праздный ты покой
И тишину домашних долов...
Но се - Восток подъемлет вой...
Поникни снежною главой,
Смирись, Кавказ: идет Ермолов!

И смолкнул ярый крик войны,
Всё русскому мечу подвластно.
Кавказа гордые сыны,
Сражались, гибли вы ужасно;
Но не спасла вас наша кровь,
Ни очарованные брони,
Ни горы, ни лихие кони,
Ни дикой вольности любовь!
Подобно племени Батыя,
Изменит прадедам Кавказ,
Забудет алчной брани глас,

---

[21] Мстислав, сын. св. Владимира, прозванный Удалым, удельный князь Тмутаракана (остров Тамань). Он воевал с косогами (по всей вероятности, нынешними черкесами) и в единоборстве одолел князя их Редедю. См. Ист. Гос. Росс. Том II.

Оставит стрелы боевые.
К ущельям, где гнездились вы,
Подъедет путник без боязни,
И возвестят о вашей казни
Преданья темные молвы.

МЕДНЫЙ ВСАДНИК

ПЕТЕРБУРГСКАЯ ПОВЕСТЬ

ПРЕДИСЛОВИЕ

Происшествие, описанное в сей повести, основано на истине. Подробности наводнения заимствованы из тогдашних журналов. Любопытные могут справиться с известием, составленным В. Н. Берхом.

ВСТУПЛЕНИЕ

На берегу пустынных волн
Стоял он, дум великих полн,
И вдаль глядел. Пред ним широко
Река неслася; бедный чёлн
По ней стремился одиноко.
По мшистым, топким берегам
Чернели избы здесь и там,
Приют убогого чухонца;
И лес, неведомый лучам
В тумане спрятанного солнца,
Кругом шумел.

И думал он:
Отсель грозить мы будем шведу,

163

Здесь будет город заложен
На зло надменному соседу.
Природой здесь нам суждено
В Европу прорубить окно[22],
Ногою твердой стать при море.
Сюда по новым им волнам
Все флаги в гости будут к нам
И запируем на просторе.

Прошло сто лет, и юный град,
Полнощных стран краса и диво,
Из тьмы лесов, из топи блат
Вознесся пышно, горделиво;
Где прежде финский рыболов,
Печальный пасынок природы,
Один у низких берегов
Бросал в неведомые воды
Свой ветхой невод, ныне там,
По оживленным берегам,
Громады стройные теснятся
Дворцов и башен; корабли
Толпой со всех концов земли
К богатым пристаням стремятся;
В гранит оделася Нева;
Мосты повисли над водами;
Темнозелеными садами
Ее покрылись острова,
И перед младшею столицей
Померкла старая Москва,
Как перед новою царицей
Порфироносная вдова.

Люблю тебя, Петра творенье,
Люблю твой строгой, стройный вид,
Невы державное теченье,
Береговой ее гранит,
Твоих оград узор чугунный,
Твоих задумчивых ночей

---

[22] Альгаротти где-то сказал: «Pétersbourg est la fenêtre par laquelle la Russie regarde en Europe».

Прозрачный сумрак, блеск безлунный,
Когда я в комнате моей
Пишу, читаю без лампады,
И ясны спящие громады
Пустынных улиц, и светла
Адмиралтейская игла,
И не пуская тьму ночную
На золотые небеса,
Одна заря сменить другую
Спешит, дав ночи полчаса[23].
Люблю зимы твоей жестокой
Недвижный воздух и мороз,
Бег санок вдоль Невы широкой;
Девичьи лица ярче роз,
И блеск и шум и говор балов,
А в час пирушки холостой
Шипенье пенистых бокалов
И пунша пламень голубой.
Люблю воинственную живость
Потешных Марсовых полей,
Пехотных ратей и коней
Однообразную красивость,
В их стройно зыблемом строю
Лоскутья сих знамен победных,
Сиянье шапок этих медных,
На сквозь простреленных в бою.
Люблю, военная столица,
Твоей твердыни дым и гром,
Когда полнощная царица
Дарует сына в царской дом,
Или победу над врагом
Россия снова торжествует,
Или, взломав свой синий лед,
Нева к морям его несет,
И, чуя вешни дни, ликует.

    Красуйся, град Петров, и стой
Неколебимо как Россия,
Да умирится же с тобой
И побежденная стихия;

---

[23] Смотри стихи кн. Вяземского к графине З***.

Вражду и плен старинный свой
Пусть волны финские забудут
И тщетной злобою не будут
Тревожить вечный сон Петра!

Была ужасная пора,
Об ней свежо воспоминанье...
Об ней, друзья мои, для вас
Начну свое повествованье.
Печален будет мой рассказ.

ЧАСТЬ ПЕРВАЯ

Над омраченным Петроградом
Дышал ноябрь осенним хладом.
Плеская шумною волной
В края своей ограды стройной,
Нева металась, как больной
В своей постеле беспокойной.
Уж было поздно и темно;
Сердито бился дождь в окно,
И ветер дул, печально воя.
В то время из гостей домой
Пришел Евгений молодой....
Мы будем нашего героя
Звать этим именем. Оно
Звучит приятно; с ним давно
Мое перо к тому же дружно.
Прозванья нам его не нужно,
Хотя в минувши времена
Оно, быть может, и блистало,
И под пером Карамзина
В родных преданьях прозвучало;
Но ныне светом и молвой
Оно забыто. Наш герой
Живет в Коломне; где-то служит,
Дичится знатных и не тужит

Ни о почиющей родне,
Ни о забытой старине.

   Итак, домой пришед, Евгений
Стряхнул шинель, разделся, лег.
Но долго он заснуть не мог
В волненьи разных размышлений.
О чем же думал он? о том,
Что был он беден, что трудом
Он должен был себе доставить
И независимость и честь;
Что мог бы бог ему прибавить
Ума и денег. Что ведь есть
Такие праздные счастливцы,
Ума недального ленивцы,
Которым жизнь куда легка!
Что служит он всего два года;
Он также думал, что погода
Не унималась; что река
Всё прибывала; что едва ли
С Невы мостов уже не сняли
И что с Парашей будет он
Дни на два, на три разлучен.
Евгений тут вздохнул сердечно
И размечтался, как поэт:

   Жениться? Ну.... за чем же нет?
Оно и тяжело, конечно,
Но что ж, он молод и здоров,
Трудиться день и ночь готов;
Он кое-как себе устроит
Приют смиренный и простой
И в нем Парашу успокоит.
"Пройдет, быть может, год другой —
Местечко получу — Параше
Препоручу хозяйство наше
И воспитание ребят...
И станем жить — и так до гроба,
Рука с рукой дойдем мы оба,
И внуки нас похоронят..."

Так он мечтал. И грустно было
Ему в ту ночь, и он желал,
Чтоб ветер выл не так уныло
И чтобы дождь в окно стучал
Не так сердито...
                          Сонны очи
Он наконец закрыл. И вот
Редеет мгла ненастной ночи
И бледный день уж настает...[24]
Ужасный день!
                          Нева всю ночь
Рвалася к морю против бури,
Не одолев их буйной дури...
И спорить стало ей не в мочь....
Поутру над ее брегами
Теснился кучами народ,
Любуясь брызгами, горами
И пеной разъяренных вод.
Но силой ветров от залива
Перегражденная Нева
Обратно шла, гневна, бурлива,
И затопляла острова.
Погода пуще свирепела,
Нева вздувалась и ревела,
Котлом клокоча и клубясь,
И вдруг, как зверь остервенясь,
На город кинулась. Пред нею
Всё побежало; всё вокруг
Вдруг опустело — воды вдруг
Втекли в подземные подвалы,
К решеткам хлынули каналы,
И всплыл Петрополь как тритон,
По пояс в воду погружен.

Осада! приступ! злые волны,
Как воры, лезут в окна. Челны

---

[24] Мицкевич прекрасными стихами описал день, предшествовавший
петербургскому наводнению, в одном из лучших своих стихотворений —
Oleszkiewicz. Жаль только, что описание его не точно. Снегу не было — Нева не
была покрыта льдом. Наше описание вернее, хотя в нем и нет ярких красок
польского поэта.

С разбега стекла бьют кормой.
Лотки под мокрой пеленой,
Обломки хижин, бревны, кровли,
Товар запасливой торговли,
Пожитки бледной нищеты,
Грозой снесенные мосты,
Гроба с размытого кладбища
Плывут по улицам!

                    Народ
Зрит божий гнев и казни ждет.
Увы! всё гибнет: кров и пища!
Где будет взять?

               В тот грозный год
Покойный царь еще Россией
Со славой правил. На балкон
Печален, смутен, вышел он
И молвил: "С божией стихией
Царям не совладеть". Он сел
И в думе скорбными очами
На злое бедствие глядел.
Стояли стогны озерами
И в них широкими реками
Вливались улицы. Дворец
Казался островом печальным.
Царь молвил — из конца в конец,
По ближним улицам и дальным
В опасный путь средь бурных вод
Его пустились генералы[25]
Спасать и страхом обуялый
И дома тонущий народ.

   Тогда, на площади Петровой,
Где дом в углу вознесся новый,
Где над возвышенным крыльцом
С подъятой лапой, как живые,
Стоят два льва сторожевые,
На звере мраморном верьхом,
Без шляпы, руки сжав крестом,
Сидел недвижный, страшно бледный
Евгений. Он страшился, бедный,

---

[25] Граф Милорадович и генерал-адъютант Бенкендорф.

Не за себя. Он не слыхал,
Как подымался жадный вал,
Ему подошвы подмывая,
Как дождь ему в лицо хлестал,
Как ветер, буйно завывая,
С него и шляпу вдруг сорвал.
Его отчаянные взоры
На край один наведены
Недвижно были. Словно горы,
Из возмущенной глубины
Вставали волны там и злились,
Там буря выла, там носились
Обломки... Боже, боже! там —
Увы! близехонько к волнам,
Почти у самого залива —
Забор некрашеный, да ива
И ветхий домик: там оне,
Вдова и дочь, его Параша,
Его мечта.... Или во сне
Он это видит? иль вся наша
И жизнь ничто, как сон пустой,
Насмешка неба над землей?
И он, как будто околдован,
Как будто к мрамору прикован,
Сойти не может! Вкруг него
Вода и больше ничего!
И обращен к нему спиною
В неколебимой вышине,
Над возмущенною Невою
Стоит с простертою рукою
Кумир на бронзовом коне.

ЧАСТЬ ВТОРАЯ

Но вот, насытясь разрушеньем
И наглым буйством утомясь,
Нева обратно повлеклась,
Своим любуясь возмущеньем

И покидая с небреженьем
Свою добычу. Так злодей,
С свирепой шайкою своей
В село ворвавшись, ломит, режет,
Крушит и грабит; вопли, скрежет,
Насилье, брань, тревога, вой!....
И грабежом отягощенны,
Боясь погони, утомленны,
Спешат разбойники домой,
Добычу на пути роняя.

Вода сбыла, и мостовая
Открылась, и Евгений мой
Спешит, душою замирая,
В надежде, страхе и тоске
К едва смирившейся реке.
Но торжеством победы полны
Еще кипели злобно волны,
Как бы под ними тлел огонь,
Еще их пена покрывала,
И тяжело Нева дышала,
Как с битвы прибежавший конь.
Евгений смотрит: видит лодку;
Он к ней бежит как на находку;
Он перевозчика зовет —
И перевозчик беззаботный
Его за гривенник охотно
Чрез волны страшные везет.

И долго с бурными волнами
Боролся опытный гребец,
И скрыться вглубь меж их рядами
Всечасно с дерзкими пловцами
Готов был челн — и наконец
Достиг он берега.
                    Несчастный
Знакомой улицей бежит
В места знакомые. Глядит,
Узнать не может. Вид ужасный!
Всё перед ним завалено;
Что сброшено, что снесено;
Скривились домики, другие

Совсем обрушились, иные
Волнами сдвинуты; кругом,
Как будто в поле боевом,
Тела валяются. Евгений
Стремглав, не помня ничего,
Изнемогая от мучений,
Бежит туда, где ждет его
Судьба с неведомым известьем,
Как с запечатанным письмом.
И вот бежит уж он предместьем,
И вот залив, и близок дом....
Что ж это?...

   Он остановился.
Пошел назад и воротился.
Глядит... идет... еще глядит.
Вот место, где их дом стоит;
Вот ива. Были здесь вороты —
Снесло их, видно. Где же дом?
И полон сумрачной заботы
Всё ходит, ходит он кругом,
Толкует громко сам с собою —
И вдруг, ударя в лоб рукою,
Захохотал.

   Ночная мгла
На город трепетный сошла
Но долго жители не спали
И меж собою толковали
О дне минувшем.

   Утра луч
Из-за усталых, бледных туч
Блеснул над тихою столицей
И не нашел уже следов
Беды вчерашней; багряницей
Уже прикрыто было зло.
В порядок прежний всё вошло.
Уже по улицам свободным
С своим бесчувствием холодным
Ходил народ. Чиновный люд,
Покинув свой ночной приют,
На службу шел. Торгаш отважный
Не унывая, открывал
Невой ограбленный подвал,

Сбираясь свой убыток важный
На ближнем выместить. С дворов
Свозили лодки.
                    Граф Хвостов,
Поэт, любимый небесами,
Уж пел бессмертными стихами
Несчастье невских берегов.

   Но бедный, бедный мой Евгений...
Увы! его смятенный ум
Против ужасных потрясений
Не устоял. Мятежный шум
Невы и ветров раздавался
В его ушах. Ужасных дум
Безмолвно полон, он скитался.
Его терзал какой-то сон.
Прошла неделя, месяц — он
К себе домой не возвращался.
Его пустынный уголок
Отдал в наймы, как вышел срок,
Хозяин бедному поэту.
Евгений за своим добром
Не приходил. Он скоро свету
Стал чужд. Весь день бродил пешком,
А спал на пристани; питался
В окошко поданным куском.
Одежда ветхая на нем
Рвалась и тлела. Злые дети
Бросали камни вслед ему.
Нередко кучерские плети
Его стегали, потому
Что он не разбирал дороги
Уж никогда; казалось — он
Не примечал. Он оглушен
Был шумом внутренней тревоги.
И так он свой несчастный век
Влачил, ни зверь ни человек,
Ни то ни сё, ни житель света
Ни призрак мертвый...
                    Раз он спал
У невской пристани. Дни лета
Клонились к осени. Дышал

Ненастный ветер. Мрачный вал
Плескал на пристань, ропща пени
И бьясь об гладкие ступени,
Как челобитчик у дверей
Ему не внемлющих судей.
Бедняк проснулся. Мрачно было:
Дождь капал, ветер выл уныло,
И с ним вдали, во тьме ночной
Перекликался часовой....
Вскочил Евгений; вспомнил живо
Он прошлый ужас; торопливо
Он встал; пошел бродить, и вдруг
Остановился — и вокруг
Тихонько стал водить очами
С боязнью дикой на лице.
Он очутился под столбами
Большого дома. На крыльце
С подъятой лапой как живые
Стояли львы сторожевые,
И прямо в темной вышине
Над огражденною скалою
Кумир с простертою рукою
Сидел на бронзовом коне.

  Евгений вздрогнул. Прояснились
В нем страшно мысли. Он узнал
И место, где потоп играл,
Где волны хищные толпились,
Бунтуя злобно вкруг него,
И львов, и площадь, и того,
Кто неподвижно возвышался
Во мраке медною главой,
Того, чьей волей роковой
Под морем город основался....
Ужасен он в окрестной мгле!
Какая дума на челе!
Какая сила в нем сокрыта!
А в сем коне какой огонь!
Куда ты скачешь, гордый конь,
И где опустишь ты копыта?
О мощный властелин судьбы!
Не так ли ты над самой бездной

На высоте, уздой железной
Россию поднял на дыбы?[26]

Кругом подножия кумира
Безумец бедный обошел
И взоры дикие навел
На лик державца полумира.
Стеснилась грудь его. Чело
К решетке хладной прилегло,
Глаза подернулись туманом,
По сердцу пламень пробежал,
Вскипела кровь. Он мрачен стал
Пред горделивым истуканом
И, зубы стиснув, пальцы сжав,
Как обуянный силой черной,
"Добро, строитель чудотворный! —
Шепнул он, злобно задрожав, —
Ужо тебе!..." И вдруг стремглав
Бежать пустился. Показалось
Ему, что грозного царя,
Мгновенно гневом возгоря,
Лицо тихонько обращалось....
И он по площади пустой
Бежит и слышит за собой —
Как будто грома грохотанье —
Тяжело-звонкое скаканье
По потрясенной мостовой.
И, озарен луною бледной,
Простерши руку в вышине,
За ним несется Всадник Медный
На звонко-скачущем коне;
И во всю ночь безумец бедный.
Куда стопы ни обращал,
За ним повсюду Всадник Медный
С тяжелым топотом скакал.

И с той поры, когда случалось
Идти той площадью ему,
В его лице изображалось

---

[26] Смотри описание памятника в Мицкевиче. Оно заимствовано из Рубана — как замечает сам Мицкевич.

Смятенье. К сердцу своему
Он прижимал поспешно руку,
Как бы его смиряя муку,
Картуз изношенный сымал,
Смущенных глаз не подымал
И шел сторонкой.

        Остров малый
На взморье виден. Иногда
Причалит с неводом туда
Рыбак на ловле запоздалый
И бедный ужин свой варит,
Или чиновник посетит,
Гуляя в лодке в воскресенье,
Пустынный остров. Не взросло
Там ни былинки. Наводненье
Туда, играя, занесло
Домишко ветхой. Над водою
Остался он как черный куст.
Его прошедшею весною
Свезли на барке. Был он пуст
И весь разрушен. У порога
Нашли безумца моего,
И тут же хладный труп его
Похоронили ради бога.

ПОЛТАВА

The power and glory of the war,
Faithless as their vain votaries, men,
Had pass'd to the triumphant Czar.
                    B y r o n[27]

---

[27] Мощь и слава войны,
Как и люди, их суетные поклонники,
Перешли на сторону торжествующего царя.

ПОСВЯЩЕНИЕ

Тебе - но голос музы тёмной
Коснется ль уха твоего?
Поймешь ли ты душою скромной
Стремленье сердца моего?
Иль посвящение поэта,
Как некогда его любовь,
Перед тобою без ответа
Пройдет, непризнанное вновь?

Узнай, по крайней мере, звуки,
Бывало, милые тебе -
И думай, что во дни разлуки,
В моей изменчивой судьбе,
Твоя печальная пустыня,
Последний звук твоих речей
Одно сокровище, святыня,
Одна любовь души моей.

ПЕСНЬ ПЕРВАЯ

Богат и славен Кочубей[28].
Его луга необозримы;
Там табуны его коней
Пасутся вольны, нехранимы.
Кругом Полтавы хутора[29]
Окружены его садами,
И много у него добра,
Мехов, атласа, серебра
И на виду и под замками.
Но Кочубей богат и горд

Байрон (англ.).

[28] Василий Леонтьевич Кочубей, генеральный судия, один из предков нынешних графов.

[29] Хутор — загородный дом.

Не долгогривыми конями,
Не златом, данью крымских орд,
Не родовыми хуторами,
Прекрасной дочерью своей
Гордится старый Кочубей[30].

И то сказать: в Полтаве нет
Красавицы, Марии равной.
Она свежа, как вешний цвет,
Взлелеянный в тени дубравной.
Как тополь киевских высот,
Она стройна. Ее движенья
То лебедя пустынных вод
Напоминают плавный ход,
То лани быстрые стремленья.
Как пена, грудь ее бела.
Вокруг высокого чела,
Как тучи, локоны чернеют.
Звездой блестят ее глаза;
Ее уста, как роза, рдеют.
Но не единая краса
(Мгновенный цвет!) молвою шумной
В младой Марии почтена:
Везде прославилась она
Девицей скромной и разумной.
За то завидных женихов
Ей шлет Украйна и Россия;
Но от венца, как от оков,
Бежит пугливая Мария.
Всем женихам отказ - и вот
За ней сам гетман сватов шлет[31].

Он стар. Он удручен годами,
Войной, заботами, трудами;
Но чувства в нем кипят, и вновь
Мазепа ведает любовь.

---

[30] У Кочубея было несколько дочерей; одна из них была замужем за Обидовским, племянником Мазепы. Та, о которой здесь упоминается, называлась Матреной.
[31] Мазепа в самом деле сватал свою крестницу, но ему отказали.

Мгновенно сердце молодое
Горит и гаснет. В нем любовь
Проходит и приходит вновь,
В нем чувство каждый день иное:
Не столь послушно, не слегка,
Не столь мгновенными страстями
Пылает сердце старика,
Окаменелое годами.
Упорно, медленно оно
В огне страстей раскалено;
Но поздний жар уж не остынет
И с жизнью лишь его покинет.

Не серна под утес уходит,
Орла послыша тяжкой лёт;
Одна в сенях невеста бродит,
Трепещет и решенья ждет.

И вся полна негодованьем
К ней мать идет и, с содроганьем
Схватив ей руку, говорит:
"Бесстыдный! старец нечестивый!
Возможно ль?... нет, пока мы живы,
Нет! он греха не совершит.
Он, должный быть отцом и другом
Невинной крестницы своей...
Безумец! на закате дней
Он вздумал быть ее супругом".
Мария вздрогнула. Лицо
Покрыла бледность гробовая,
И охладев как неживая
Упала дева на крыльцо.

Она опомнилась, но снова
Закрыла очи - и ни слова
Не говорит. Отец и мать
Ей сердце ищут успокоить,
Боязнь и горесть разогнать,
Тревогу смутных дум устроить...
Напрасно. Целые два дня,
То молча плача, то стеня,
Мария не пила, не ела,

179

Шатаясь, бледная как тень,
Не зная сна. На третий день
Ее светлица опустела.

Никто не знал, когда и как
Она сокрылась. Лишь рыбак
Той ночью слышал конской топот,
Казачью речь и женской шопот,
И утром след осьми подков
Был виден на росе лугов.

Не только первый пух ланит
Да русы кудри молодые,
Порой и старца строгой вид,
Рубцы чела, власы седые
В воображенье красоты
Влагают страстные мечты.

И вскоре слуха Кочубея
Коснулась роковая весть:
Она забыла стыд и честь,
Она в объятиях злодея!
Какой позор! Отец и мать
Молву не смеют понимать.
Тогда лишь истина явилась
С своей ужасной наготой.
Тогда лишь только объяснилась
Душа преступницы младой.
Тогда лишь только стало явно,
Зачем бежала своенравно
Она семейственных оков,
Томилась тайно, воздыхала
И на приветы женихов
Молчаньем гордым отвечала;
Зачем так тихо за столом
Она лишь гетману внимала,
Когда беседа ликовала
И чаша пенилась вином;
Зачем она всегда певала

Те песни, кои он слагал[32],
Когда он беден был и мал,
Когда молва его не знала;
Зачем с неженскою душой
Она любила конный строй,
И бранный звон литавр и клики
Пред бунчуком и булавой
Малороссийского владыки[33]....

Богат и знатен Кочубей.
Довольно у него друзей.
Свою омыть он может славу.
Он может возмутить Полтаву;
Внезапно средь его дворца
Он может мщением отца
Постигнуть гордого злодея;
Он может верною рукой
Вонзить... но замысел иной
Волнует сердце Кочубея.

Была та смутная пора,
Когда Россия молодая,
В бореньях силы напрягая,
Мужала с гением Петра.
Суровый был в науке славы
Ей дан учитель; не один
Урок нежданый и кровавый
Задал ей шведской паладин.
Но в искушеньях долгой кары
Перетерпев судеб удары,
Окрепла Русь. Так тяжкой млат,
Дробя стекло, кует булат.

Венчанный славой бесполезной,
Отважный Карл скользил над бездной.
Он шел на древнюю Москву,

---

[32] Предание приписывает Мазепе несколько песен, доныне сохранившихся в памяти народной. Кочубей в своем доносе также упоминает о патриотической думе, будто бы сочиненной Мазепою. Она замечательна не в одном историческом отношении.

[33] Бунчук и булава — знаки гетманского достоинства.

Взметая русские дружины,
Как вихорь гонит прах долины
И клонит пыльную траву.
Он шел путем, где след оставил
В дни наши новый, сильный враг,
Когда падением ославил
Муж рока свой попятный шаг[34].

Украйна глухо волновалась,
Давно в ней искра разгоралась.
Друзья кровавой старины
Народной чаяли войны,
Роптали, требуя кичливо,
Чтоб гетман узы их расторг,
И Карла ждал нетерпеливо
Их легкомысленный восторг.
Вокруг Мазепы раздавался
Мятежный крик: пора, пора!
Но старый гетман оставался
Послушным подданным Петра.
Храня суровость обычайну,
Спокойно ведал он Украйну,
Молве, казалось, не внимал
И равнодушно пировал.

"Что ж гетман? - юноши твердили,
Он изнемог; он слишком стар;
Труды и годы угасили
В нем прежний, деятельный жар.
Зачем дрожащею рукою
Еще он носит булаву?
Теперь бы грянуть нам войною
На ненавистную Москву!
Когда бы старый Дорошенко[35],
Иль Самойлович молодой[36],

---

[34] Смотр. Мазепу Байрона.

[35] Дорошенко, один из героев древней Малороссии, непримиримый враг русского владычества.

[36] Григорий Самойлович, сын гетмана, сосланного в Сибирь в начале царствования Петра I.

Иль наш Палей[37], иль Гордеенко[38]
Владели силой войсковой;
Тогда б в снегах чужбины дальной
Не погибали казаки,
И Малороссии печальной
Освобождались уж полки"[39].

Так, своеволием пылая,
Роптала юность удалая,
Опасных алча перемен,
Забыв отчизны давний плен,
Богдана счастливые споры,
Святые брани, договоры
И славу дедовских времен.
Но старость ходит осторожно
И подозрительно глядит.
Чего нельзя и что возможно,
Еще не вдруг она решит.
Кто снидет в глубину морскую,
Покрытую недвижно льдом?
Кто испытующим умом
Проникнет бездну роковую
Души коварной? Думы в ней,
Плоды подавленных страстей,
Лежат погружены глубоко,
И замысел давнишних дней,
Быть может, зреет одиноко.
Как знать? Но чем Мазепа злей,
Чем сердце в нем хитрей и ложней,
Тем с виду он неосторожней
И в обхождении простей.
Как он умеет самовластно
Сердца привлечь и разгадать,
Умами править безопасно,

---

[37] Симеон Палей, хвастовский полковник, славный наездник. За своевольные набеги сослан был в Енисейск по жалобам Мазепы. Когда сей последний оказался изменником, то и Палей, как закоренелый враг его, был возвращен из ссылки и находился в Полтавском сражении.

[38] Костя Гордеенко, кошевой атаман запорожских казаков. Впоследствии передался Карлу XII. Взят в плен и казнен в 1708 г.

[39] 20000 казаков было послано в Лифляндию.

Чужие тайны разрешать!
С какой доверчивостью лживой,
Как добродушно на пирах
Со старцами старик болтливый
Жалеет он о прошлых днях,
Свободу славит с своевольным,
Поносит власти с недовольным,
С ожесточенным слезы льет,
С глупцом разумну речь ведет!
Не многим, может быть, известно,
Что дух его неукротим,
Что рад и честно и бесчестно
Вредить он недругам своим;
Что ни единой он обиды
С тех пор как жив не забывал,
Что далеко преступны виды
Старик надменный простирал;
Что он не ведает святыни,
Что он не помнит благостыни,
Что он не любит ничего,
Что кровь готов он лить как воду,
Что презирает он свободу,
Что нет отчизны для него.

    Издавна умысел ужасный
Взлелеял тайно злой старик
В душе своей. Но взор опасный,
Враждебный взор его проник.

    "Нет, дерзкий хищник, нет, губитель! -
Скрежеща мыслит Кочубей, -
Я пощажу твою обитель,
Темницу дочери моей;
Ты не истлеешь средь пожара,
Ты не издохнешь от удара
Казачей сабли. Нет, злодей,
В руках московских палачей,
В крови, при тщетных отрицаньях,
На дыбе, корчась в истязаньях,
Ты проклянешь и день и час,
Когда ты дочь крестил у нас,
И пир, на коем чести чашу

184

Тебе я полну наливал,
И ночь, когда голубку нашу
Ты, старый коршун, заклевал!..."

    Так! было время: с Кочубеем
Был друг Мазепа; в оны дни
Как солью, хлебом и елеем,
Делились чувствами они.
Их кони по полям победы
Скакали рядом сквозь огни;
Нередко долгие беседы
Наедине вели они -
Пред Кочубеем гетман скрытный
Души мятежной ненасытной
Отчасти бездну открывал
И о грядущих измененьях,
Переговорах, возмущеньях
В речах неясных намекал.
Так, было сердце Кочубея
В то время предано ему.
Но в горькой злобе свирепея,
Теперь позыву одному
Оно послушно; он голубит
Едину мысль и день и ночь:
Иль сам погибнет, иль погубит -
Отмстит поруганную дочь.

    Но предприимчивую злобу
Он крепко в сердце затаил.
"В бессильной горести, ко гробу
Теперь он мысли устремил.
Он зла Мазепе не желает;
Всему виновна дочь одна.
Но он и дочери прощает:
Пусть богу даст ответ она,
Покрыв семью свою позором,
Забыв и небо и закон...."

    А между тем орлиным взором
В кругу домашнем ищет он
Себе товарищей отважных,
Неколебимых, непродажных.

Во всем открылся он жене[40]:
Давно в глубокой тишине
Уже донос он грозный копит,
И гнева женского полна
Нетерпеливая жена
Супруга злобного торопит.
В тиши ночей, на ложе сна,
Как некой дух, ему она
О мщеньи шепчет, укоряет,
И слезы льет, и ободряет,
И клятвы требует - и ей
Клянется мрачный Кочубей.

Удар обдуман. С Кочубеем
Бесстрашный Искра[41] заодно.
И оба мыслят: "Одолеем;
Врага паденье решено.
Но кто ж, усердьем пламенея,
Ревнуя к общему добру,
Донос на мощного злодея
Предубежденному Петру
К ногам положит не робея?"

Между полтавских казаков,
Презренных девою несчастной,
Один с младенческих годов
Ее любил любовью страстной.
Вечерней, утренней порой,
На берегу реки родной,
В тени украинских черешен,
Бывало, он Марию ждал,
И ожиданием страдал,
И краткой встречей был утешен.
Он без надежд ее любил,
Не докучал он ей мольбою:
Отказа б он не пережил.
Когда наехали толпою

---

[40] Мазепа в одном письме упрекает Кочубея в том, что им управляет жена его, гордая и высокоумная.
[41] Искра, Полтавский полковник, товарищ Кочубея, разделивший с ним его умысел и участь.

К ней женихи, из их рядов
Уныл и сир он удалился.
Когда же вдруг меж казаков
Позор Мариин огласился,
И беспощадная молва
Ее со смехом поразила,
И тут Мария сохранила
Над ним привычные права.
Но если кто хотя случайно
Пред ним Мазепу называл,
То он бледнел, терзаясь тайно,
И взоры в землю опускал.

....

Кто при звездах и при луне
Так поздно едет на коне?
Чей это конь неутомимый
Бежит в степи необозримой?

Казак на север держит путь,
Казак не хочет отдохнуть
Ни в чистом поле, ни в дубраве,
Ни при опасной переправе.

Как стекло булат его блестит,
Мешок за пазухой звенит,
Не спотыкаясь конь ретивый
Бежит, размахивая гривой.

Червонцы нужны для гонца,
Булат потеха молодца,
Ретивый конь потеха тоже -
Но шапка для него дороже.

За шапку он оставить рад
Коня, червонцы и булат,
Но выдаст шапку только с бою,
И то лишь с буйной головою.

Зачем он шапкой дорожит?
За тем, что в ней донос зашит,

Донос на гетмана злодея
Царю Петру от Кочубея.

Грозы не чуя между тем,
Неужасаемый ничем,
Мазепа козни продолжает.
С ним полномощный езуит[42]
Мятеж народный учреждает
И шаткой трон ему сулит.
Во тьме ночной они как воры
Ведут свои переговоры,
Измену ценят меж собой,
Слагают цыфр универсалов[43],
Торгуют царской головой,
Торгуют клятвами вассалов.
Какой-то нищий во дворец
Неведомо отколе ходит,
И Орлик[44], гетманов делец,
Его приводит и выводит.
Повсюду тайно сеют яд
Его подосланные слуги:
Там на Дону казачьи круги
Они с Булавиным[45] мутят;
Там будят диких орд отвагу;
Там за порогами Днепра
Стращают буйную ватагу
Самодержавием Петра.
Маэепа всюду взор кидает
И письма шлет из края в край:
Угрозой хитрой подымает
Он на Москву Бахчисарай.
Король ему в Варшаве внемлет,
В стенах Очакова паша,

---

[42] Езуит Заленский, княгиня Дульская и какой-то болгарский архиепископ, изгнанный из своего отечества, были главными агентами Мазепиной измены. Последний в виде нищего ходил из Польши в Украйну и обратно.

[43] Так назывались манифесты гетманов.

[44] Филипп Орлик, генеральный писарь, наперсник Мазепы, после смерти (в 1710) сего последнего получил от Карла XII пустой титул малороссийского гетмана. Впоследствии принял магометанскую веру и умер в Бендерах около 1736 года.

[45] Булавин, донской казак, бунтовавший около того времени.

Во стане Карл и царь. Не дремлет
Его коварная душа;
Он, думой думу развивая,
Верней готовит свой удар;
В нем не слабеет воля злая,
Неутомим преступный жар.

Но как он вздрогнул, как воспрянул,
Когда пред ним незапно грянул
Упадший гром! когда ему,
Врагу России самому,
Вельможи русские послали[46]
В Полтаве писанный донос
И вместо праведных угроз,
Как жертве, ласки расточали;
И озабоченный войной,
Гнушаясь мнимой клеветой,
Донос оставя без вниманья,
Сам царь Иуду утешал
И злобу шумом наказанья
Смирить надолго обещал!

Мазепа, в горести притворной,
К царю возносит глас покорный.
"И знает бог, и видит свет:
Он, бедный гетман, двадцать лет
Царю служил душою верной;
Его щедротою безмерной
Осыпан, дивно вознесен...
О, как слепа, безумна злоба!...
Ему ль теперь у двери гроба
Начать учение измен,
И потемнять благую славу?
Не он ли помощь Станиславу[47]
С негодованьем отказал,
Стыдясь, отверг венец Украйны
И договор и письма тайны
К царю, по долгу, отослал?

---

[46] Тайный секретарь Шафиров и гр. Головкин, друзья и покровители Мазепы; на них, по справедливости, должен лежать ужас суда и казни доносителей.
[47] В 1705 году. Смотр. примечания к Истории Малороссии, Бантыша-Каменского.

Не он ли наущеньям хана[48]
И цареградского салтана
Был глух? Усердием горя,
С врагами белого царя
Умом и саблей рад был спорить,
Трудов и жизни не жалел,
И ныне злобный недруг смел
Его седины опозорить!
И кто же? Искра, Кочубей!
Так долго быв его друзьями!..."
И с кровожадными слезами,
В холодной дерзости своей,
Их казни требует злодей[49]...

Чьей казни?... старец непреклонный!
Чья дочь в объятиях его?
Но хладно сердца своего
Он заглушает ропот сонный.
Он говорит: "В неравный спор
Зачем вступает сей безумец?
Он сам, надменный вольнодумец,
Сам точит на себя топор.
Куда бежит, зажавши вежды?
На чем он основал надежды?
Или... но дочери любовь
Главы отцовской не искупит.
Любовник гетману уступит,
Не то моя прольется кровь."

Мария, бедная Мария,
Краса черкасских дочерей!
Не знаешь ты, какого змия
Ласкаешь на груди своей.
Какой же властью непонятной
К душе свирепой и развратной
Так сильно ты привлечена?

---

[48] Во время неудачного похода в Крым Казы-Гирей предлагал ему соединиться с ним и вместе напасть на русское войско.

[49] В своих письмах он жаловался, что доносителей пытали слишком легко, неотступно требовал их казни, сравнивал себя с Сусанною, неповинно оклеветанною беззаконными старцами, а графа Головкина с пророком Даниилом.

Кому ты в жертву отдана?
Его кудрявые седины,
Его глубокие морщины,
Его блестящий, впалый взор,
Его лукавый разговор
Тебе всего, всего дороже:
Ты мать забыть для них могла,
Соблазном постланное ложе
Ты отчей сени предпочла.
Своими чудными очами
Тебя старик заворожил,
Своими тихими речами
В тебе он совесть усыпил;
Ты на него с благоговеньем
Возводишь ослепленный взор,
Его лелеешь с умиленьем -
Тебе приятен твой позор,
Ты им, в безумном упоеньи,
Как целомудрием горда -
Ты прелесть нежную стыда
В своем утратила паденьи...

      Что стыд Марии? что молва?
Что для нее мирские пени,
Когда склоняется в колени
К ней старца гордая глава,
Когда с ней гетман забывает
Судьбы своей и труд и шум,
Иль тайны смелых, грозных дум
Ей, деве робкой, открывает?
И дней невинных ей не жаль,
И душу ей одна печаль
Порой, как туча, затмевает:
Она унылых пред собой
Отца и мать воображает;
Она, сквозь слезы, видит их
В бездетной старости, одних,
И, мнится, пеням их внимает....
О, если б ведала она,
Что уж узнала вся Украйна!
Но от нее сохранена
Еще убийственная тайна.

ПЕСНЬ ВТОРАЯ

Мазепа мрачен. Ум его
Смущен жестокими мечтами.
Мария нежными очами
Глядит на старца своего.
Она, обняв его колени,
Слова любви ему твердит.
Напрасно: черных помышлений
Ее любовь не удалит.
Пред бедной девой с невниманьем
Он хладно потупляет взор,
И ей на ласковый укор
Одним ответствует молчаньем.
Удивлена, оскорблена,
Едва дыша, встает она
И говорит с негодованьем:

"Послушай, гетман; для тебя
Я позабыла всё на свете.
Навек однажды полюбя,
Одно имела я в предмете:
Твою любовь. Я для нее
Сгубила счастие мое,
Но ни о чем я не жалею...
Ты помнишь: в страшной тишине,
В ту ночь, как стала я твоею,
Меня любить ты клялся мне.
Зачем же ты меня не любишь?

Мазепа.

Мой друг, несправедлива ты.
Оставь безумные мечты;
Ты подозреньем сердце губишь:
Нет, душу пылкую твою
Волнуют, ослепляют страсти.
Мария, верь: тебя люблю
Я больше славы, больше власти.

192

Мария.

Неправда: ты со мной хитришь.
Давно ль мы были неразлучны?
Теперь ты ласк моих бежишь;
Теперь они тебе докучны;
Ты целый день в кругу старшин,
В пирах, разъездах - я забыта;
Ты долгой ночью иль один,
Иль с нищим, иль у езуита;
Любовь смиренная моя
Встречает хладную суровость.
Ты пил недавно, знаю я,
Здоровье Дульской. Это новость;
Кто эта Дульская?

Мазепа.

И ты
Ревнива? Мне ль, в мои ли лета
Искать надменного привета
Самолюбивой красоты?
И стану ль я, старик суровый,
Как праздный юноша, вздыхать,
Влачить позорные оковы
И жен притворством искушать?

Мария.

Нет, объяснись без отговорок
И просто, прямо отвечай.

Мазепа.

Покой души твоей мне дорог,
Мария; так и быть: узнай.
   Давно замыслили мы дело;
Теперь оно кипит у нас.
Благое время нам приспело;
Борьбы великой близок час.
Без милой вольности и славы
Склоняли долго мы главы
193

Под покровительством Варшавы,
Под самовластием Москвы.
Но независимой державой
Украйне быть уже пора:
И знамя вольности кровавой
Я подымаю на Петра.
Готово всё: в переговорах
Со мною оба короля;
И скоро в смутах, в бранных спорах,
Быть может, трон воздвигну я.
Друзей надежных я имею:
Княгиня Дульская и с нею
Мой езуит, да нищий сей
К концу мой замысел приводят.
Чрез руки их ко мне доходят
Наказы, письма королей.
Вот важные тебе признанья.
Довольна ль ты? Твои мечтанья
Рассеяны ль?

М а р и я.

О милый мой,
Ты будешь царь земли родной!
Твоим сединам как пристанет
Корона царская!

М а з е п а.

Постой.
Не всё свершилось. Буря грянет;
Кто может знать, что ждет меня?

М а р и я.

Я близ тебя не знаю страха -
Ты так могущ! О, знаю я:
Трон ждет тебя.

М а з е п а.

А если плаха?...

194

М а р и я.

С тобой на плаху, если так.
Ах, пережить тебя могу ли?
Но нет: ты носишь власти знак.

М а з е п а.

Меня ты любишь?

М а р и я.

Я! люблю ли?

М а з е п а.

Скажи: отец или супруг
Тебе дороже?

М а р и я.

Милый друг,
К чему вопрос такой? тревожит
Меня напрасно он. Семью
Стараюсь я забыть мою.
Я стала ей в позор; быть может
(Какая страшная мечта!)
Моим отцом я проклята,
А за кого?

М а з е п а.

Так я дороже
Тебе отца? Молчишь...

М а р и я.

О боже!

М а з е п а.

Что ж? отвечай.

Мария.

Реши ты сам.

Мазепа.

Послушай: если было б нам,
Ему иль мне, погибнуть надо,
А ты бы нам судьей была,
Кого б ты в жертву принесла,
Кому бы ты была ограда?

Мария.

Ах, полно! сердце не смущай!
Ты искуситель.

Мазепа.

Отвечай!

Мария.

Ты бледен; речь твоя сурова...
О, не сердись! Всем, всем готова
Тебе я жертвовать, поверь;
Но страшны мне слова такие.
Довольно.

Мазепа.

Помни же, Мария,
Что ты сказала мне теперь.

Тиха украинская ночь.
Прозрачно небо. Звезды блещут.
Своей дремоты превозмочь
Не хочет воздух. Чуть трепещут
Сребристых тополей листы.
Луна спокойно с высоты
Над Белой-Церковью сияет
И пышных гетманов сады

196

И старый замок озаряет.
И тихо, тихо всё кругом;
Но в замке шопот и смятенье.
В одной из башен, под окном,
В глубоком, тяжком размышленьи,
Окован, Кочубей сидит
И мрачно на небо глядит.

Заутра казнь. Но без боязни
Он мыслит об ужасной казни;
О жизни не жалеет он.
Что смерть ему? желанный сон.
Готов он лечь во гроб кровавый.
Дрема долит. Но, боже правый!
К ногам злодея, молча, пасть
Как бессловесное созданье,
Царем быть отдану во власть
Врагу царя на поруганье,
Утратить жизнь - и с нею честь,
Друзей с собой на плаху весть,
Над гробом слышать их проклятья,
Ложась безвинным под топор,
Врага веселый встретить взор
И смерти кинуться в объятья,
Не завещая никому
Вражды к злодею своему!...

И вспомнил он свою Полтаву
Обычный круг семьи, друзей,
Минувших дней богатство, славу,
И песни дочери своей,
И старый дом, где он родился,
Где знал и труд и мирный сон,
И всё, чем в жизни насладился,
Что добровольно бросил он,
И для чего? -
            Но ключ в заржавом
Замке гремит - и пробуждён
Несчастный думает: вот он!
Вот на пути моем кровавом
Мой вождь под знаменем креста,
Грехов могущий разрешитель,

Духовной скорби врач, служитель
За нас распятого Христа,
Его святую кровь и тело
Принесший мне, да укреплюсь,
Да приступлю ко смерти смело
И жизни вечной приобщусь!

   И с сокрушением сердечным
Готов несчастный Кочубей
Перед всесильным, бесконечным
Излить тоску мольбы своей.
Но не отшельника святого,
Он гостя узнает иного:
Свирепый Орлик перед ним.
И отвращением томим,
Страдалец горько вопрошает:
"Ты здесь, жестокой человек?
Зачем последний мой ночлег
Еще Мазепа возмущает?"

        О р л и к.

Допрос не кончен: отвечай.

        К о ч у б е й.

Я отвечал уже: ступай,
Оставь меня.

        О р л и к.

                Еще признанья
Пан гетман требует.

        К о ч у б е й.

                Но в чем?
Давно сознался я во всем,
Что вы хотели. Показанья
Мои все ложны. Я лукав,
Я строю козни. Гетман прав.
Чего вам более?

О р л и к.

Мы знаем,
Что ты несчетно был богат;
Мы знаем: не единый клад
Тобой в Диканьке[50](23) укрываем.
Свершиться казнь твоя должна;
Твое имение сполна
В казну поступит войсковую -
Таков закон. Я указую
Тебе последний долг: открой,
Где клады, скрытые тобой?

К о ч у б е й.

Так, не ошиблись вы: три клада
В сей жизни были мне отрада.
И первый клад мой честь была,
Клад этот пытка отняла;
Другой был клад невозвратимый
Честь дочери моей любимой.
Я день и ночь над ним дрожал:
Мазепа этот клад украл.
Но сохранил я клад последний,
Мой третий клад: святую месть.
Ее готовлюсь богу снесть.

О р л и к.

Старик, оставь пустые бредни:
Сегодня покидая свет,
Питайся мыслию суровой.
Шутить не время. Дай ответ,
Когда не хочешь пытки новой:
Где спрятал деньги?

К о ч у б е й.

Злой холоп!
Окончишь ли допрос нелепый?

---

[50] Деревня Кочубея.

Повремени; дай лечь мне в гроб,
Тогда ступай себе с Мазепой
Мое наследие считать
Окровавленными перстами,
Мои подвалы разрывать,
Рубить и жечь сады с домами.
С собой возьмите дочь мою;
Она сама вам всё расскажет,
Сама все клады вам укажет;
Но ради господа молю,
Теперь оставь меня в покое.

О р л и к.

Где спрятал деньги? укажи.
Не хочешь? - Деньги где? скажи,
Иль выйдет следствие плохое.
Подумай; место нам назначь.
Молчишь? - Ну, в пытку. Гей, палач![51]

Палач вошел....
              О, ночь мучений!
Но где же гетман? где злодей?
Куда бежал от угрызений
Змеиной совести своей?
В светлице девы усыпленной,
Еще незнанием блаженной,
Близь ложа крестницы младой
Сидит с поникшею главой
Мазепа тихой и угрюмый.
В его душе проходят думы,
Одна другой мрачней, мрачней.
"Умрет безумный Кочубей;
Спасти нельзя его. Чем ближе
Цель гетмана, тем тверже он
Быть должен властью облечен,
Тем перед ним склоняться ниже

---

[51] Уже осужденный на смерть, Кочубей был пытан в войске гетмана. По ответам несчастного видно, что его допрашивали о сокровищах, им утаенных.

Должна вражда. Спасенья нет:
Доносчик и его клеврет
Умрут". Но брося взор на ложе,
Мазепа думает: "О боже!
Что будет с ней, когда она
Услышит слово роковое?
Досель она еще в покое -
Но тайна быть сохранена
Не может долее. Секира,
Упав поутру, загремит
По всей Украйне. Голос мира
Вокруг нее заговорит!...
Ах, вижу я: кому судьбою
Волненья жизни суждены,
Тот стой один перед грозою,
Не призывай к себе жены.
В одну телегу впрячь неможно
Коня и трепетную лань.
Забылся я неосторожно:
Теперь плачу безумства дань...
Всё, что цены себе не знает,
Всё, всё, чем жизнь мила бывает,
Бедняжка принесла мне в дар,
Мне, старцу мрачному, - и что же?
Какой готовлю ей удар! -"
И он глядит: на тихом ложе
Как сладок юности покой!
Как сон ее лелеет нежно!
Уста раскрылись; безмятежно
Дыханье груди молодой;
А завтра, завтра... содрогаясь
Мазепа отвращает взгляд,
Встает и, тихо пробираясь,
В уединенный сходит сад.

Тиха украинская ночь.
Прозрачно небо. Звезды блещут.
Своей дремоты превозмочь
Не хочет воздух. Чуть трепещут
Сребристых тополей листы.
Но мрачны странные мечты
В душе Мазепы: звезды ночи,

Как обвинительные очи,
За ним насмешливо глядят.
И тополи, стеснившись в ряд,
Качая тихо головою,
Как судьи, шепчут меж собою.
И летней, теплой ночи тьма
Душна как черная тюрьма.

Вдруг... слабый крик... невнятный стон
Как бы из замка слышит он.
То был ли сон воображенья,
Иль плач совы, иль зверя вой,
Иль пытки стон, иль звук иной -
Но только своего волненья
Преодолеть не мог старик
И на протяжный слабый крик
Другим ответствовал - тем криком,
Которым он в весельи диком
Поля сраженья оглашал,
Когда с Забелой, с Гамалеем,
И - с ним... и с этим Кочубеем
Он в бранном пламени скакал.

Зари багряной полоса
Объемлет ярко небеса.
Блеснули долы, холмы, нивы,
Вершины рощ и волны рек.
Раздался утра шум игривый,
И пробудился человек.

Еще Мария сладко дышит,
Дремой объятая, и слышит
Сквозь легкой сон, что кто-то к ней
Вошел и ног ее коснулся.
Она проснулась - но скорей
С улыбкой взор ее сомкнулся
От блеска утренних лучей.
Мария руки протянула
И с негой томною шепнула:
"Мазепа, ты?..." Но голос ей
Иной ответствует... о боже!

Вздрогнув, она глядит... и что же?
Пред нею мать...

М а т ь.

Молчи, молчи;
Не погуби нас: я в ночи
Сюда прокралась осторожно
С единой, слезною мольбой.
Сегодня казнь. Тебе одной
Свирепство их смягчить возможно.
Спаси отца.

Д о ч ь, в ужасе

Какой отец?
Какая казнь?

М а т ь.

Иль ты доныне
Не знаешь?... нет! ты не в пустыне,
Ты во дворце; ты знать должна,
Как сила гетмана грозна,
Как он врагов своих карает.
Как государь ему внимает...
Но вижу: скорбную семью
Ты отвергаешь для Мазепы;
Тебя я сонну застаю,
Когда свершают суд свирепый,
Когда читают приговор,
Когда готов отцу топор...
Друг другу, вижу, мы чужие...
Опомнись, дочь моя! Мария,
Беги, пади к его ногам,
Спаси отца, будь ангел нам:
Твой взгляд злодеям руки свяжет,
Ты можешь их топор отвесть.
Рвись, требуй - гетман не откажет:
Ты для него забыла честь,
Родных и бога.

Д о ч ь.

Что со мною?
Отец... Мазепа... казнь - с мольбою
Здесь, в этом замке мать моя -
Нет, иль ума лишилась я,
Иль это грезы.

М а т ь.

Бог с тобою,
Нет, нет - не грезы, не мечты.
Ужель еще не знаешь ты,
Что твой отец ожесточенный
Бесчестья дочери не снес
И, жаждой мести увлеченный,
Царю на гетмана донес...
Что в истязаниях кровавых
Сознался в умыслах лукавых,
В стыде безумной клеветы,
Что, жертва смелой правоты,
Врагу он выдан головою,
Что пред громадой войсковою,
Когда его не осенит
Десница вышняя господня,
Он должен быть казнен сегодня,
Что здесь покаместь он сидит
В тюремной башне.

Д о ч ь.

Боже, боже!...
Сегодня! - бедный мой отец!

И дева падает на ложе,
Как хладный падает мертвец.

Пестреют шапки. Копья блещут.
Бьют в бубны. Скачут сердюки[52].
В строях ровняются полки.

---

[52] Войско, состоявшее на собственном иждивении гетманов.

Толпы кипят. Сердца трепещут.
Дорога, как змеиный хвост,
Полна народу, шевелится.
Средь поля роковой намост.
На нем гуляет, веселится
Палач и алчно жертвы ждет:
То в руки белые берет,
Играючи, топор тяжелый,
То шутит с чернию веселой.
В гремучий говор всё слилось:
Крик женской, брань, и смех, и ропот.
Вдруг восклицанье раздалось
И смолкло всё. Лишь конской топот
Был слышен в грозной тишине.
Там, окруженный сердюками,
Вельможный гетман с старшинами
Скакал на вороном коне.
А там по киевской дороге
Телега ехала. В тревоге
Все взоры обратили к ней.
В ней, с миром, с небом примиренный,
Могущей верой укрепленный
Сидел безвинный Кочубей,
С ним Искра тихой, равнодушный,
Как агнец, жребию послушный.
Телега стала. Раздалось
Моленье ликов громогласных.
С кадил куренье поднялось.
За упокой души несчастных
Безмолвно молится народ,
Страдальцы за врагов. И вот
Идут они, взошли. На плаху,
Крестясь, ложится Кочубей.
Как будто в гробе, тьмы людей
Молчат. Топор блеснул с размаху,
И отскочила голова.
Всё поле охнуло. Другая
Катится вслед за ней, мигая.
Зарделась кровию трава -
И сердцем радуясь во злобе
Палач за чуб поймал их обе

205

И напряженною рукой
Потряс их обе над толпой.

Свершилась казнь. Народ беспечный
Идет, рассыпавшись, домой
И про свои заботы вечны
Уже толкует меж собой.
Пустеет поле понемногу.
Тогда чрез пеструю дорогу
Перебежали две жены.
Утомлены, запылены,
Они, казалось, к месту казни
Спешили полные боязни.
"Уж поздно", - кто-то им сказал
И в поле перстом указал.
Там роковой намост ломали,
Молился в черных ризах поп,
И на телегу подымали
Два казака дубовый гроб.

Один пред конною толпой
Мазепа, грозен, удалялся
От места казни. Он терзался
Какой-то страшной пустотой.
Никто к нему не приближался,
Не говорил он ничего;
Весь в пене мчался конь его.
Домой приехав, "что Мария?"
Спросил Мазепа. Слышит он
Ответы робкие, глухие...
Невольным страхом поражен,
Идет он к ней; в светлицу входит:
Светлица тихая пуста -
Он в сад, и там смятенный бродит;
Но вкруг широкого пруда,
В кустах, вдоль сеней безмятежных
Все пусто, нет нигде следов -
Ушла! - Зовет он слуг надежных,
Своих проворных сердюков.
Они бегут. Храпят их кони -
Раздался дикой клик погони,

Верхом - и скачут молодцы
Во весь опор во все концы.

Бегут мгновенья дорогие.
Не возвращается Мария.
Никто не ведал, не слыхал,
Зачем и как она бежала...
Мазепа молча скрежетал.
Затихнув, челядь трепетала.
В груди кипучий яд нося,
В светлице гетман заперся.
Близь ложа там во мраке ночи
Сидел он, не смыкая очи,
Нездешней мукою томим.
Поутру, посланные слуги
Один явились за другим.
Чуть кони двигались. Подпруги,
Подковы, узды, чепраки,
Всё было пеною покрыто,
В крови, растеряно, избито -
Но ни один ему принесть
Не мог о бедной деве весть.
И след ее существованья
Пропал как будто звук пустой,
И мать одна во мрак изгнанья
Умчала горе с нищетой.

ПЕСНЬ ТРЕТИЯ

Души глубокая печаль
Стремиться дерзновенно в даль
Вождю Украйны не мешает.
Твердея в умысле своем,
Он с гордым шведским королем
Свои сношенья продолжает.
Меж тем, чтоб обмануть верней
Глаза враждебного сомненья,
Он, окружась толпой врачей,

На ложе мнимого мученья
Стоная молит исцеленья.
Плоды страстей, войны, трудов
Болезни, дряхлость и печали,
Предтечи смерти, приковали
Его к одру. Уже готов
Он скоро бренный мир оставить;
Святой обряд он хочет править,
Он архипастыря зовет
К одру сомнительной кончины;
И на коварные седины
Елей таинственный течет.

Но время шло. Москва напрасно
К себе гостей ждала всечасно,
Средь старых, вражеских могил
Готовя шведам тризну тайну.
Незапно Карл поворотил
И перенес войну в Украйну.

И день настал. Встает с одра
Мазепа, сей страдалец хилый,
Сей труп живой, еще вчера
Стонавший слабо над могилой.
Теперь он мощный враг Петра.
Теперь он, бодрый, пред полками
Сверкает гордыми очами
И саблей машет - и к Десне
Проворно мчится на коне.
Согбенный тяжко жизнью старой,
Так оный хитрый кардинал,
Венчавшись римскою тиарой,
И прям, и здрав, и молод стал.

И весть на крыльях полетела.
Украйна смутно зашумела:
"Он перешел, он изменил,
К ногам он Карлу положил
Бунчук покорный". Пламя пышет,
Встает кровавая заря
Войны народной.

Кто опишет
Негодованье, гнев царя?[53]
Гремит анафема в соборах;
Мазепы лик терзает кат[54].
На шумной раде, в вольных спорах
Другого гетмана творят.
С брегов пустынных Енисея
Семейства Искры, Кочубея
Поспешно призваны Петром.
Он с ними слезы проливает.
Он их, лаская, осыпает
И новой честью и добром.
Мазепы враг, наездник пылкий,
Старик Палей из мрака ссылки
В Украйну едет в царский стан.
Трепещет бунт осиротелый.
На плахе гибнет Чечель[55] смелый
И запорожский атаман.
И ты, любовник бранной славы,
Для шлема кинувший венец,
Твой близок день, ты вал Полтавы
Вдали завидел наконец.

И царь туда ж помчал дружины.
Они как буря притекли —
И оба стана средь равнины
Друг друга хитро облегли.

---

[53] Сильные меры, принятые Петром с обыкновенной его быстротой и энергией, удержали Украйну в повиновении.

«1708 ноября 7-го числа, по указу государеву, казаки по обычаю своему вольными голосами выбрали в гетманы полковника стародубского Ивана Скоропадского. 8-го числа приехали в Глухов киевский, черниговский и переяславский архиепископы.

А 9-го дня предали клятве Мазепу оные архиереи публично; того же дня и персону (куклу) оного изменника Мазепы вынесли и, сняв кавалерию (которая на ту персону была надета с бантом), оную персону бросили в палачевские руки, которую палач, взяв и прицепя за веревку, тащил по улице и по площади даже до виселицы, и потом повесили.

В Глухове же 10-го дня казнили Чечеля и прочих изменников...» (Журнал Петра Великого).

[54] Малороссийское слово. По-русски — палач.

[55] Чечель отчаянно защищал Батурин против войск князя Меншикова.

Не раз избитый в схватке смелой,
Заране кровью опьянелый,
С бойцом желанным наконец
Так грозный сходится боец.
И злобясь видит Карл могучий
Уж не расстроенные тучи
Несчастных нарвских беглецов,
А нить полков блестящих, стройных
Послушных, быстрых и спокойных,
И ряд незыблемый штыков.

Но он решил: заутра бой.
Глубокой сон во стане шведа.
Лишь под палаткою одной
Ведется шопотом беседа.

"Нет, вижу я, нет, Орлик мой,
Поторопились мы некстати:
Расчет и дерзкой и плохой,
И в нем не будет благодати.
Пропала, видно, цель моя.
Что делать? Дал я промах важный:
Ошибся в этом Карле я.
Он мальчик бойкой и отважный;
Два-три сраженья разыграть,
Конечно, может он с успехом,
К врагу на ужин прискакать[56],
Ответствовать на бомбу смехом[57];
Не хуже русского стрелка
Прокрасться в ночь ко вражью стану;
Свалить как нынче казака
И обменять на рану рану[58];
Но не ему вести борьбу
С самодержавным великаном:
Как полк, вертеться он судьбу

---

[56] В Дрезден к королю Августу. См.: Voltaire. Histoire de Charles XII.
[57] — Ах, ваше величество! бомба!.. — «Что есть общего между бомбою и письмом, которое тебе диктуют? пиши». Это случилось гораздо после.
[58] Ночью Карл, сам осматривая наш лагерь, наехал на казаков, сидевших у огня. Он поскакал прямо к ним и одного из них застрелил из собственных рук. Казаки дали по нем три выстрела и жестоко ранили его в ногу.

Принудить хочет барабаном;
Он слеп, упрям, нетерпелив,
И легкомыслен, и кичлив,
Бог весть какому счастью верит;
Он силы новые врага
Успехом прошлым только мерит -
Сломить ему свои рога.
Стыжусь: воинственным бродягой
Увлекся я на старость лет;
Был ослеплен его отвагой
И беглым счастием побед,
Как дева робкая."

О р л и к.

Сраженья
Дождемся. Время не ушло
С Петром опять войти в сношенья:
Еще поправить можно ало.
Разбитый нами, нет сомненья,
Царь не отвергнет примиренья.

М а з е п а.

Нет, поздно. Русскому царю
Со мной мириться невозможно.
Давно решилась непреложно
Моя судьба. Давно горю
Стесненной злобой. Под Азовым
Однажды я с царем суровым
Во ставке ночью пировал:
Полны вином кипели чаши,
Кипели с ними речи наши.
Я слово смелое сказал.
Смутились гости молодые...
Царь, вспыхнув, чашу уронил
И за усы мои седые
Меня с угрозой ухватил.
Тогда, смирясь в бессильном гневе,
Отмстить себе я клятву дал;
Носил ее - как мать во чреве
Младенца носит. Срок настал.

Так, обо мне воспоминанье
Хранить он будет до конца.
Петру я послан в наказанье;
Я терн в листах его венца:
Он дал бы грады родовые
И жизни лучшие часы,
Чтоб снова как во дни былы
Держать Мазепу за усы.
Но есть еще для нас надежды:
Кому бежать, решит заря.

Умолк и закрывает вежды
Изменник русского царя.

Горит восток зарею новой
Уж на равнине, по холмам
Грохочут пушки. Дым багровый
Кругами всходит к небесам
Навстречу утренним лучам.
Полки ряды свои сомкнули.
В кустах рассыпались стрелки.
Катятся ядра, свищут пули;
Нависли хладные штыки.
Сыны любимые победы,
Сквозь огнь окопов рвутся шведы;
Волнуясь, конница летит;
Пехота движется за нею
И тяжкой твердостью своею
Ее стремление крепит.
И битвы поле роковое
Гремит, пылает здесь и там,
Но явно счастье боевое
Служить уж начинает нам.
Пальбой отбитые дружины,
Мешаясь, падают во прах.
Уходит Розен сквозь теснины;
Сдается пылкой Шлипенбах.
Тесним мы шведов рать за ратью;
Темнеет слава их знамен,
И бога браней благодатью
Наш каждый шаг запечатлен.
Тогда-то свыше вдохновенный

Раздался звучный глас Петра:
"За дело, с богом!" Из шатра,
Толпой любимцев окруженный,
Выходит Петр. Его глаза
Сияют. Лик его ужасен.
Движенья быстры. Он прекрасен,
Он весь, как божия гроза.
Идет. Ему коня подводят.
Ретив и смирен верный конь.
Почуя роковой огонь,
Дрожит. Глазами косо водит
И мчится в прахе боевом,
Гордясь могущим седоком.

Уж близок полдень. Жар пылает.
Как пахарь, битва отдыхает.
Кой-где гарцуют казаки.
Ровняясь строятся полки.
Молчит музыка боевая.
На холмах пушки присмирев
Прервали свой голодный рев.
И се - равнину оглашая
Далече грянуло ура:
Полки увидели Петра.

И он промчался пред полками,
Могущ и радостен как бой.
Он поле пожирал очами.
За ним вослед неслись толпой
Сии птенцы гнезда Петрова -
В пременах жребия земного
В трудах державства и войны
Его товарищи, сыны;
И Шереметев благородный,
И Брюс, и Боур, и Репнин,
И, счастья баловень безродный
Полудержавный властелин.

И перед синими рядами
Своих воинственных дружин,
Несомый верными слугами,
В качалке, бледен, недвижим,

Страдая раной, Карл явился.
Вожди героя шли за ним.
Он в думу тихо погрузился
Смущенный взор изобразил
Необычайное волненье.
Казалось, Карла приводил
Желанный бой в недоуменье...
Вдруг слабым манием руки
На русских двинул он полки.

И с ними царские дружины
Сошлись в дыму среди равнины:
И грянул бой, Полтавской бой!
В огне, под градом раскаленным,
Стеной живою отраженным,
Над падшим строем свежий строй
Штыки смыкает. Тяжкой тучей
Отряды конницы летучей,
Браздами, саблями звуча,
Сшибаясь, рубятся с плеча.
Бросая груды тел на груду,
Шары чугунные повсюду
Меж ними прыгают, разят,
Прах роют и в крови шипят.
Швед, русский - колет, рубит, режет.
Бой барабанный, клики, скрежет,
Гром пушек, топот, ржанье, стон,
И смерть и ад со всех сторон.

Среди тревоги и волненья
На битву взором вдохновенья
Вожди спокойные глядят,
Движенья ратные следят,
Предвидят гибель и победу
И в тишине ведут беседу.
Но близ московского царя
Кто воин сей под сединами?
Двумя поддержан казаками,
Сердечной ревностью горя,
Он оком опытным героя
Взирает на волненье боя.
Уж на коня не вскочит он,

Одрях в изгнанье сиротея,
И казаки на клич Палея
Не налетят со всех сторон!
Но что ж его сверкнули очи,
И гневом, будто мглою ночи,
Покрылось старое чело?
Что возмутить его могло?
Иль он, сквозь бранный дым, увидел
Врага Мазепу, и в сей миг
Свои лета возненавидел
Обезоруженный старик?

Мазепа, в думу погруженный,
Взирал на битву, окруженный
Толпой мятежных казаков,
Родных, старшин и сердюков.
Вдруг выстрел. Старец обратился
У Войнаровского в руках
Мушкетный ствол еще дымился.
Сраженный в нескольких шагах,
Младой казак в крови валялся,
А конь, весь в пене и пыли,
Почуя волю, дико мчался,
Скрываясь в огненной дали.
Казак на гетмана стремился
Сквозь битву с саблею в руках,
С безумной яростью в очах.
Старик, подъехав, обратился
К нему с вопросом. Но казак
Уж умирал. Потухший зрак
Еще грозил врагу России;
Был мрачен помертвелый лик,
И имя нежное Марии
Чуть лепетал еще язык.

Но близок, близок миг победы.
Ура! мы ломим; гнутся шведы.
О славный час! о славный вид!
Еще напор - и враг бежит[59].

---

[59] Благодаря прекрасным распоряжениям и действиям князя Меншикова, участь главного сражения была решена заранее. Дело не продолжалось и двух часов. Ибо

И следом конница пустилась,
Убийством тупятся мечи,
И падшими вся степь покрылась
Как роем черной саранчи.

Пирует Петр. И горд и ясен
И славы полон взор его.
И царской пир его прекрасен.
При кликах войска своего,
В шатре своем он угощает
Своих вождей, вождей чужих,
И славных пленников ласкает,
И за учителей своих
Заздравный кубок подымает.

Но где же первый, званый гость?
Где первый, грозный наш учитель,
Чью долговременную злость
Смирил полтавский победитель?
И где ж Мазепа? где злодей?
Куда бежал Иуда в страхе?
Зачем король не меж гостей?
Зачем изменник не на плахе?[60]

(сказано в Журнале Петра Великого) непобедимые господа шведы скоро хребет
свой показали, и от наших войск вся неприятельская армия весьма опрокинута.
Петр впоследствии времени многое прощал Данилычу за услуги, оказанные в сей
день генералом князем Меншиковым.

[60] L'Empereur Moscovite, pénétre d'une joie qu'il ne se mettait pas en peine de
dissimuler, (было о чем и радоваться), recevait sur le champ de bataille les prisonniers
qu'on lui amenait en foule et demandait à tout moment: où est donc mon frère Charles?.
. . . . Alors prenant un verre de vin: A la santé, dit-il, de mes
maîtres dans l'art de la guerre! — Renschild lui demanda: qui étaient ceux qu'il honorait
d'un si beau titre. — Vous, Messieurs les genéraux Suèdois, reprit le Czar. — Votre
Majesté est donc bien ingrate, reprit le Comte, d'avoir tant mailtraité ses maîtres —
Московский император, проникнутый радостью, которую он не давал себе труда
скрывать... принимал на поле битвы пленников, которых ему приводили толпой и
то и дело спрашивал: «А где же мой брат Карл?» . . . . Тогда, взяв стакан
вина, он сказал: «За здоровье моих учителей в военному искусстве!» Реншильд
спросил, кого он почтил таким славным титулом. «Вас, господа шведские
генералы», — ответил царь. «В таком случае ваше величество очень неблагодарны,
— ответил граф, — вы так дурно обошлись со своими учителями» (франц.)).

216

Верхом, в глуши степей нагих,
Король и гетман мчатся оба.
Бегут. Судьба связала их.
Опасность близкая и злоба
Даруют силу королю.
Он рану тяжкую свою
Забыл. Поникнув головою,
Он скачет, русскими гоним,
И слуги верные толпою
Чуть могут следовать за ним.

Обозревая зорким взглядом
Степей широкой полукруг,
С ним старый гетман скачет рядом.
Пред ними хутор... Что же вдруг
Мазепа будто испугался?
Что мимо хутора помчался
Он стороной во весь опор?
Иль этот запустелый двор,
И дом, и сад уединенный,
И в поле отпертая дверь
Какой-нибудь рассказ забвенный
Ему напомнили теперь?
Святой невинности губитель!
Узнал ли ты сию обитель,
Сей дом, веселый прежде дом,
Где ты, вином разгоряченный,
Семьей счастливой окруженный,
Шутил бывало за столом?
Узнал ли ты приют укромный,
Где мирный ангел обитал,
И сад, откуда ночью тёмной
Ты вывел в степь... Узнал, узнал!

Ночные тени степь объемлют.
На бреге синего Днепра
Между скалами чутко дремлют
Враги России и Петра.
Щадят мечты покой героя,
Урон Полтавы он забыл.
Но сон Мазепы смутен был.

В нем мрачный дух не знал покоя.
И вдруг в безмолвии ночном
Его зовут. Он пробудился.
Глядит: над ним, грозя перстом,
Тихонько кто-то наклонился.
Он вздрогнул как под топором.
Пред ним с развитыми власами,
Сверкая впалыми глазами,
Вся в рубище, худа, бледна,
Стоит, луной освещена...
"Иль это сон?... Мария... ты ли?"

М а р и я.

Ах, тише, тише, друг!... Сейчас
Отец и мать глаза закрыли...
Постой... услышать могут нас.

М а з е п а.

Мария, бедная Мария!
Опомнись! Боже!... Что с тобой?

М а р и я.

Послушай: хитрости какие!
Что за рассказ у них смешной?
Она за тайну мне сказала,
Что умер бедный мой отец,
И мне тихонько показала
Седую голову - творец!
Куда бежать нам от злоречья?
Подумай: эта голова
Была совсем не человечья,
А волчья - видишь: какова!
Чем обмануть меня хотела!
Не стыдно ль ей меня пугать?
И для чего? чтоб я не смела
С тобой сегодня убежать!
Возможно ль?

С горестью глубокой

Любовник ей внимал жестокой.
Но, вихрю мыслей предана,
"Однако ж, - говорит она, -
Я помню поле... праздник шумный...
И чернь... и мертвые тела...
На праздник мать меня вела...
Но где ж ты был?... С тобою розно
Зачем в ночи скитаюсь я?
Пойдем домой. Скорей... уж поздно.
Ах, вижу, голова моя
Полна волнения пустого:
Я принимала за другого
Тебя, старик. Оставь меня.
Твой взор насмешлив и ужасен.
Ты безобразен. Он прекрасен:
В его глазах блестит любовь,
В его речах такая нега!
Его усы белее снега,
А на твоих засохла кровь!..."

И с диким смехом завизжала,
И легче серны молодой
Она вспрыгнула, побежала
И скрылась в темноте ночной.

Редела тень. Восток алел
Огонь казачий пламенел.
Пшеницу казаки варили;
Драбанты у брегу Днепра
Коней расседланных поили.
Проснулся Карл. "Ого! пора!
Вставай, Мазепа. Рассветает."
Но гетман уж не спит давно.
Тоска, тоска его снедает;
В груди дыханье стеснено.
И молча он коня седлает,
И скачет с беглым королем,
И страшно взор его сверкает,
С родным прощаясь рубежом.

Прошло сто лет - и что ж осталось
От сильных, гордых сих мужей,

Столь полных волею страстей?
Их поколенье миновалось -
И с ним исчез кровавый след
Усилий, бедствий и побед.
В гражданстве северной державы,
В ее воинственной судьбе,
Лишь ты воздвиг, герой Полтавы,
Огромный памятник себе.
В стране - где мельниц ряд крылатый
Оградой мирной обступил
Бендер пустынные раскаты,
Где бродят буйволы рогаты
Вокруг воинственных могил, -
Останки разоренной сени,
Три углубленные в земле
И мхом поросшие ступени
Гласят о шведском короле.
С них отражал герой безумный
Один в толпе домашних слуг,
Турецкой рати приступ шумный,
И бросил шпагу под бунчук;
И тщетно там пришлец унылый
Искал бы гетманской могилы:
Забыт Мазепа с давних пор!
Лишь в торжествующей святыне
Раз в год анафемой доныне,
Грозя, гремит о нем собор.
Но сохранилася могила,
Где двух страдальцев прах почил;
Меж древних праведных могил
Их мирно церковь приютила[61].

---

[61]Обезглавленные тела Искры и Кочубея были отданы родственникам и похоронены в Киевской лавре; над их гробом высечена следующая надпись:

«Кто еси мимо грядый о нас невѣдущий,
Елицы здѣ естесмо положены сущи,
Понеже нам страсть и смерть повелѣ молчати,
Сей камень возопіетъ о насъ ти вѣщати,
И за правду и вѣрность къ Монарсѣ нашу
Страданія и смерти испіймо чашу,
Злуданьем Мазепы, всевѣчно правы,

Цветет в Диканьке древний ряд
Дубов, друзьями насажденных;
Они о праотцах казненных
Доныне внукам говорят.
Но дочь преступница... преданья
Об ней молчат. Ее страданья,
Ее судьба, ее конец
Непроницаемою тьмою
От нас закрыты. Лишь порою
Слепой украинский певец,
Когда в селе перед народом
Он песни гетмана бренчит,
О грешной деве мимоходом
Казачкам юным говорит

АНДЖЕЛО

ЧАСТЬ ПЕРВАЯ

I

В одном из городов Италии счастливой
Когда-то властвовал предобрый, старый Дук,
Народа своего отец чадолюбивый,
Друг мира, истины, художеств и наук.
Но власть верховная не терпит слабых рук,
А доброте своей он слишком предавался,

Посѣченны зоставше топоромъ во главы;
Почиваемъ въ семъ мѣстѣ Матери Владычнѣ,
Подающія всѣмъ своимъ рабомъ животъ вѣчный.

Року 1708, мѣсяца іюля 15 дня, посѣчены средь Обозу войсковаго, за Бѣлою Церковію на Борщаговцѣ и Ковшевомъ, благородный Василій Кочубей, судія генеральный; Іоаннъ Искра, полковникъ полтавскій. Привезены же тѣла ихъ іюля 17 въ Кіевъ и того жъ дня въ обители святой Печерской на семъ мѣстѣ погребены».

Народ любил его и вовсе не боялся.
В суде его дремал карающий закон,
Как дряхлый зверь уже к ловитве неспособный.
Дук это чувствовал в душе своей незлобной
И часто сетовал. Сам ясно видел он,
Что хуже дедушек с дня на день были внуки,
Что грудь кормилицы ребенок уж кусал,
Что правосудие сидело сложа руки
И по носу его ленивый не щелкал.

II

Нередко добрый Дук, раскаяньем смущенный,
Хотел восстановить порядок упущенный;
Но как? Зло явное, терпимое давно,
Молчанием суда уже дозволено,
И вдруг его казнить совсем несправедливо,
И странно было бы - тому же особливо,
Кто первый сам его потворством ободрял.
Что делать? долго Дук терпел и размышлял.
Размыслив наконец, решился он на время
Предать иным рукам верховной власти бремя,
Чтоб новый властелин расправой новой мог
Порядок вдруг завесть и был бы крут и строг.

III

Был некто Анджело, муж опытный, не новый
В искусстве властвовать, обычаем суровый,
Бледнеющий в трудах, ученьи и посте,
За нравы строгие прославленный везде,
Стеснивший весь себя оградою законной,
С нахмуренным лицом и с волей непреклонной;
Его-то старый Дук наместником нарек,
И в ужас ополчил и милостью облек,
Неограниченны права ему вручая.
А сам, докучного вниманья избегая,
С народом не простясь, incognito, один
Пустился странствовать как древний паладин.

IV

Лишь только Анджело вступил во управленье,
И всё тотчас другим порядком потекло,
Пружины ржавые опять пришли в движенье,
Законы поднялись, хватая в когти зло,
На полных площадях, безмолвных от боязни,
По пятницам пошли разыгрываться казни,
И ухо стал себе почесывать народ
И говорить: "Эхе! да этот уж не тот".

V

Между законами забытыми в ту пору
Жестокой был один: закон сей изрекал
Прелюбодею смерть. Такого приговору
В том городе никто не помнил, не слыхал.
Угрюмый Анджело в громаде уложенья
Отрыл его - и в страх повесам городским
Опять его на свет пустил для исполненья,
Сурово говоря помощникам своим:
"Пора нам зло пугнуть. В балованном народе
Преобратилися привычки уж в права
И шмыгают кругом закона на свободе,
Как мыши около зевающего льва.
Закон не должен быть пужало из тряпицы,
На коем наконец уже садятся птицы".

VI

Так Анджело на всех навел невольно дрожь,
Роптали вообще, смеялась молодежь
И в шутках строгого вельможи не щадила,
Меж тем как ветрено над бездною скользила,
И первый под топор беспечной головой
Попался Клавдио, патриций молодой.
В надежде всю беду современем исправить
И не любовницу, супругу в свет представить,
Джюльету нежную успел он обольстить

223

И к таинствам любви безбрачной преклонить.
Но их последствия к несчастью явны стали;
Младых любовников свидетели застали,
Ославили в суде взаимный их позор,
И юноше прочли законный приговор.

VII

Несчастный, выслушав жестокое решенье,
С поникшей головой обратно шел в тюрьму,
Невольно каждому внушая сожаленье
И горько сетуя. На встречу вдруг ему
Попался Луцио, гуляка беззаботный,
Повеса, вздорный враль, но малый доброхотный.
"Друг, - молвил Клавдио, - молю! не откажи:
Сходи ты в монастырь к сестре моей. Скажи,
Что должен я на смерть идти; чтоб поспешила
Она спасти меня, друзей бы упросила,
Иль даже бы пошла к наместнику сама.
В ней много, Луцио, искусства и ума,
Бог дал ее речам уверчивость и сладость,
К тому ж и без речей рыдающая младость
Мягчит сердца людей". - "Изволь! поговорю",
Гуляка отвечал, и сам к монастырю
Тотчас отправился.

VIII

Младая Изабела
В то время с важною монахиней сидела.
Постричься через день она должна была
И разговор о том со старицей вела.
Вдруг Луцио звонит и входит. У решетки
Его приветствует, перебирая четки,
Полузатворница: "Кого угодно вам?"
- "Девица (и судя по розовым щекам,
Уверен я, что вы девица в самом деле),
Не льзя ли доложить прекрасной Изабеле,
Что к ней меня прислал ее несчастный брат?"

- "Несчастный?... почему? что с ним? скажите смело:
Я Клавдио сестра". - "Нет, право? очень рад.
Он кланяется вам сердечно. Вот в чем дело:
Ваш брат в тюрьме". - "За что?" - "За то, за что бы я
Благодарил его, красавица моя.
И не было б ему иного наказанья".
(Тут он в подробные пустился описанья,
Немного жесткие своею наготой
Для девственных ушей отшельницы младой,
Но со вниманием всё выслушала дева
Без приторных причуд стыдливости и гнева.
Она чиста была душою как эфир.
Ее смутить не мог неведомый ей мир
Своею суетой и праздными речами.)
- "Теперь, - примолвил он, - осталось лишь мольбами
Вам тронуть Анджело, и вот о чем просил
Вас братец". - "Боже мой, - девица отвечала, -
Когда б от слов моих я пользы ожидала!...
Но сомневаюсь; во мне не станет сил...."
- "Сомненья нам враги, - тот с жаром возразил, -
Нас неудачею предатели стращают
И благо верное достать не допущают.
Ступайте к Анджело, и знайте от меня,
Что если девица колена преклоня
Перед мужчиною и просит и рыдает,
Как бог он все дает, чего ни пожелает".

IX

Девица, отпросясь у матери честной,
С усердным Луцио к вельможе поспешила
И, на колена встав, смиренною мольбой
За брата своего наместника молила.
"Девица, - отвечал суровый человек, -
Спасти его нельзя; твой брат свой отжил век;
Он должен умереть". Заплакав, Изабела
Склонилась перед ним и прочь идти хотела,
Но добрый Луцио девицу удержал.
"Не отступайтесь так, - он тихо ей сказал, -
Просите вновь его; бросайтесь на колени,

Хватайтеся за плащ, рыдайте; слезы, пени,
Все средства женского искусства вы должны
Теперь употребить. Вы слишком холодны.
Как будто речь идет меж вами про иголку.
Конечно, если так, не будет верно толку.
Не отставайте же! еще!"

X

Она опять
Усердною мольбой стыдливо умолять
Жестокосердого блюстителя закона.
"Поверь мне, - говорит, - ни царская корона,
Ни меч наместника, ни бархат судии,
Ни полководца жезл - все почести сии -
Земных властителей ничто не украшает,
Как милосердие. Оно их возвышает.
Когда б во власть твою мой брат был облечен,
А ты был Клавдио, ты мог бы пасть как он,
Но брат бы не был строг как ты".

XI

Ее укором
Смущен был Анджело. Сверкая мрачным взором,
"Оставь меня, прошу", - сказал он тихо ей.
Но дева скромная и жарче и смелей
Была час от часу. "Подумай, - говорила, -
Подумай: если тот, чья праведная сила
Прощает и целит, судил бы грешных нас
Без милосердия; скажи: что было б с нами?
Подумай - и любви услышишь в сердце глас,
И милость нежная твоими дхнет устами,
И новый человек ты будешь".

XII

Он в ответ:

"Поди; твои мольбы пустая слов утрата.
Не я, закон казнит. Спасти нельзя мне брата,
И завтра он умрет".

Изабела.

Как завтра! что? нет, нет.
Он не готов еще, казнить его не можно...
Ужели господу пошлем неосторожно
Мы жертву наскоро. Мы даже и цыплят
Не бьем до времени. Так скоро не казнят.
Спаси, спаси его: подумай в самом деле,
Ты знаешь, государь, несчастный осужден
За преступление, которое доселе
Прощалось каждому; пострадждет первый он.

Анджело.

Закон не умирал, но был лишь в усыпленьи,
Теперь проснулся он.

Изабела.

Будь милостив!

Анджело.

Не льзя.
Потворствовать греху есть то же преступленье,
Карая одного, спасаю многих я.

Изабела.

Ты ль первый изречешь сей приговор ужасный?
И первой жертвою мой будет брат несчастный.
Нет, нет! будь милостив. Ужель душа твоя
Совсем безвинная? спросись у ней: ужели
И мысли грешные в ней отроду не тлели?

227

XIII

Невольно он вздрогнул, поникнул головой
И прочь идти хотел. Она: "Постой, постой!
Послушай, воротись. Великими дарами
Я задарю тебя.... прими мои дары,
Они не суетны, но честны и добры,
И будешь ими ты делиться с небесами:
Я одарю тебя молитвами души
Пред утренней зарей, в полунощной тиши,
Молитвами любви, смирения и мира,
Молитвами святых, угодных небу дев,
В уединении умерших уж для мира,
Живых для господа".
       Смущен и присмирев,
Он ей свидание на завтра назначает
И в отдаленные покои поспешает.

ЧАСТЬ ВТОРАЯ

I

День целый Анджело безмолвный и угрюмый
Сидел, уединясь, объят одною думой,
Одним желанием; всю ночь не тронул сон
Усталых вежд его. "Что ж это? - мыслит он, -
Ужель ее люблю, когда хочу так сильно
Услышать вновь ее и взор мой усладить
Девичьей прелестью? По ней грустит умильно
Душа... или когда святого уловить
Захочет бес, тогда приманкою святою
И манит он на крюк? Нескромной красотою
Я не был отроду к соблазнам увлечен,
И чистой девою теперь я побежден.
Влюбленный человек доселе мне казался
Смешным, и я его безумству удивлялся.
А ныне!......"

II

Размышлять, молиться хочет он,
Но мыслит, молится рассеянно. Словами
Он небу говорит, а волей и мечтами
Стремится к ней одной. В унынье погружен,
Устами праздными жевал он имя бога,
А в сердце грех кипел. Душевная тревога
Его осилила. Правленье для него,
Как дельная, давно затверженная книга,
Несносным сделалось. Скучал он; как от ига,
Отречься был готов от сана своего;
А важность мудрую, которой столь гордился,
Которой весь народ бессмысленно дивился,
Ценил он ни во что и сравнивал с пером,
Носимым в воздухе летучим ветерком...
По утру к Анджело явилась Изабела
И странный разговор с наместником имела.

III

Анджело.

Что скажешь?

Изабела.

Волю я твою пришла узнать.

Анджело.

Ах, если бы ее могла ты угадать!....
Твой брат не должен жить..... а мог бы.

Изабела.

Почему же
Простить нельзя его?

229

Анджело.

Простить? что в мире хуже
Столь гнусного греха? убийство легче.

Изабела.

Да,
Так судят в небесах, но на земле когда?

Анджело.

Ты думаешь? так вот тебе предположенье:
Что если б отдали тебе на разрешенье
Оставить брата влечь ко плахе на убой,
Иль искупить его, пожертвовав собой
И плоть предав греху?

Изабела.

Скорее, чем душою,
Я плотью жертвовать готова.

Анджело.

Я с тобою
Теперь не о душе толкую.... дело в том:
Брат осужден на казнь; его спасти грехом
Не милосердие ль?

Изабела.

Пред богом я готова
Душою отвечать: греха в том никакого,
Поверь, и нет. Спаси ты брата моего!
Тут милость, а не грех.

Анджело.

Спасешь ли ты его,
Коль милость на весах равно с грехом потянет?

230

Изабела.

О пусть моим грехом спасенье брата станет!
(Коль только это грех.) О том готова я
Молиться день и ночь.

Анджело.

Нет, выслушай меня,
Или ты слов моих совсем не понимаешь,
Или понять меня нарочно избегаешь,
Я проще изъяснюсь: твой брат приговорен.

Изабела.

Так.

Анджело.

Смерть изрек ему решительно закон.
                    Изабела.

Так точно.

Анджело.

Средство есть одно к его спасенью.
(Все это клонится к тому предположенью,
И только есть вопрос и больше ничего.)
Положим: тот, кто б мог один спасти его
(Наперсник судии, иль сам по сану властный
Законы толковать, мягчить их смысл ужасный),
К тебе желаньем был преступным воспален
И требовал, чтоб ты казнь брата искупила
Своим падением: не то - решит закон.
Что скажешь? как бы ты в уме своем решила?

Изабела.

Для брата, для себя решилась бы скорей,
Поверь, как яхонты носить рубцы бичей

И лечь в кровавый гроб спокойно как на ложе,
Чем осквернить себя.

Анджело.

    Твой брат умрет.

Изабела.

    Так что же?
Он лучший путь себе конечно изберет.
Бесчестием сестры души он не спасет.
Брат лучше раз умри, чем гибнуть мне навечно.

Анджело.

За что ж казалося тебе бесчеловечно
Решение суда? Ты обвиняла нас
В жестокосердии. Давно ль еще? Сей час
Ты праведный закон тираном называла,
А братний грех едва ль не шуткой почитала.

Изабела.

Прости, прости меня. Невольно я душой
Тогда лукавила. Увы! себе самой
Противуречила я, милое спасая
И ненавистное притворно извиняя.
Мы слабы.

Анджело.

    Я твоим признаньем ободрен.
Так женщина слаба, я в этом убежден
И говорю тебе: будь женщина, не боле -
Иль будешь ничего. Так покорися воле
Судьбы своей.

Изабела.

    Тебя я не могу понять.

Анджело.

Поймешь: люблю тебя.

Изабела.

Увы! что мне сказать?
Джюльету брат любил, и он умрет, несчастный.

Анджело.

Люби меня и жив он будет.

Изабела.

Знаю: властный
Испытывать других, ты хочешь.....

Анджело.

Нет, клянусь,
От слова моего теперь не отопрусь;
Клянуся честию.

Изабела.

О много, много чести!
И дело честное!.... Обманщик! Демон лести!
Сей час мне Клавдио свободу подпиши,
Или поступок твой и черноту души
Я всюду разглашу - и полно лицемерить
Тебе перед людьми.

Анджело.

И кто же станет верить?
По строгости моей известен свету я;
Молва всеобщая, мой сан, вся жизнь моя
И самый приговор над братней головою
Представят твой донос безумной клеветою.
Теперь я волю дал стремлению страстей.
Подумай и смирись пред волею моей;

Брось эти глупости: и слезы, и моленья,
И краску робкую. От смерти, от мученья
Тем брата не спасешь. Покорностью одной
Искупишь ты его от плахи роковой.
До завтра от тебя я стану ждать ответа
И знай, что твоего я не боюсь извета.
Что хочешь говори, не пошатнуся я.
Всю истину твою низвергнет ложь моя.

IV

Сказал и вышел вон, невинную девицу
Оставя в ужасе. Поднявши к небесам
Молящий, ясный взор и чистую десницу,
От мерзостных палат спешит она в темницу.
Дверь отворилась ей; и брат ее глазам
Представился.

V

В цепях, в унынии глубоком,
О светских радостях стараясь не жалеть,
Еще надеясь жить, готовясь умереть,
Безмолвен он сидел, и с ним в плаще широком
Под черным куколем с распятием в руках
Согбенный старостью беседовал монах.
Старик доказывал страдальцу молодому,
Что смерть и бытие равны одна другому,
Что здесь и там одна бессмертная душа
И что подлунный мир не стоит ни гроша. -
С ним бедный Клавдио печально соглашался,
А в сердце милою Джюльетой занимался.
Отшельница вошла: "Мир вам!" - очнулся он
И смотрит на сестру, мгновенно оживлен.
"Отец мой, - говорит монаху Изабела, -
Я с братом говорить одна бы здесь хотела".
Монах оставил их.

VI

Клавдио.

      Что ж, милая сестра,
Что скажешь?

Изабела.

      Милый брат, пришла тебе пора.

Клавдио.

Так нет спасенья?

Изабела.

      Нет, иль разве поплатиться
Душой за голову?

Клавдио.

      Так средство есть одно?

Изабела.

Так, есть. Ты мог бы жить. Судья готов смягчиться.
В нем милосердие бесовское: оно
Тебе дарует жизнь за узы муки вечной.

Клавдио.

Что? вечная тюрьма?

Изабела.

      Тюрьма - хоть без оград,
Без цепи.

Клавдио.

Изъяснись, что ж это?

Изабела.

       Друг сердечный,
Брат милый! Я боюсь... Послушай, милый брат,
Семь, восемь лишних лет ужель тебе дороже
Всегдашней чести? Брат, боишься ль умереть?
Что чувство смерти? миг. И много ли терпеть?
Раздавленный червяк при смерти терпит то же,
Что терпит великан.

Клавдио.

       Сестра! или я трус?
Или идти на смерть во мне не станет силы?
Поверь, без трепета от мира отрешусь,
Коль должен умереть; и встречу ночь могилы
Как деву милую.

Изабела.

       Вот брат мой! узнаю;
Из гроба слышу я отцовский голос. Точно:
Ты должен умереть; умри же беспорочно.
Послушай, ничего тебе не утаю:
Тот грозный судия, святоша тот жестокой,
Чьи взоры строгие во всех родят боязнь,
Чья избранная речь шлет отроков на казнь,
Сам демон; сердце в нем черно как ад глубокой
И полно мерзостью.

Клавдио.

       Наместник?

Изабела.

       Ад облек
Его в свою броню. Лукавый человек!..

Знай: если б я его бесстыдное желанье
Решилась утолить, тогда бы мог ты жить.

Клавдио.

О нет, не надобно.

Изабела.

　　　На гнусное свиданье,
Сказал он, нынче в ночь должна я поспешить,
Иль завтра ты умрешь.

Клавдио.

　　　Нейди, сестра.

Изабела.

　　　Брат милый!
Бог видит: ежели одной моей могилой
Могла бы я тебя от казни искупить,
Не стала б более иголки дорожить
Я жизнию моей.

Клавдио.

Благодарю, друг милый!

Изабела.

Так завтра, Клавдио, ты к смерти будь готов.

Клавдио.

Да, так..... и страсти в нем кипят с такою силой!
Иль в этом нет греха; иль из семи грехов
Грех это меньший?

Изабела.

　　　Как?

Клавдио.

　　　Такого прегрешенья
Там верно не казнят. Для одного мгновенья
Ужель себя сгубить решился б он навек?
Нет, я не думаю. Он умный человек.
Ах, Изабела!

Изабела.

　　Что? что скажешь?

Клавдио.

　　　　Смерть ужасна!

Изабела.

И стыд ужасен.

Клавдио.

　　　Так - однако ж... умереть,
Идти неведомо куда, во гробе тлеть
В холодной тесноте... Увы! земля прекрасна
И жизнь мила. А тут: войти в немую мглу,
Стремглав низвергнуться в кипящую смолу,
Или во льду застыть, иль с ветром быстротечным
Носиться в пустоте, пространством бесконечным...
И всё, что грезится отчаянной мечте...
Нет, нет: земная жизнь в болезни, в нищете,
В печалях, в старости, в неволе... будет раем
В сравненьи с тем, чего за гробом ожидаем.

Изабела.

О боже!

Клавдио.

　　Друг ты мой! Сестра! позволь мне жить.

238

Уж если будет грех спасти от смерти брата,
Природа извинит.

Изабела.

    Что смеешь говорить?
Трус! тварь бездушная! от сестрина разврата
Себе ты жизни ждешь!.. Кровосмеситель! нет,
Я думать не могу, нельзя, чтоб жизнь и свет
Моим отцом тебе даны. Прости мне, боже!
Нет, осквернила мать отеческое ложе,
Коль понесла тебя! Умри. Когда бы я
Спасти тебя могла лишь волею моею,
То всё-таки б теперь свершилась казнь твоя.
Я тысячу молитв за смерть твою имею,
За жизнь - уж ни одной...

Клавдио.

     Сестра, постой, постой!
Сестра, прости меня!

VII

    И узник молодой
Удерживал ее за платье. Изабела
От гнева своего насилу охладела,
И брата бедного простила, и опять,
Лаская, начала страдальца утешать.

ЧАСТЬ ТРЕТИЯ

I

Монах стоял меж тем за дверью отпертою
И слышал разговор меж братом и сестрою.
Пора мне вам сказать, что старый сей монах
Ни что иное был, как Дук переодетый.

Пока народ считал его в чужих краях
И сравнивал, шутя, с бродящею кометой,
Скрывался он в толпе, всё видел, наблюдал
И соглядатаем незримым посещал
Палаты, площади, монастыри, больницы,
Развратные дома, театры и темницы.
Воображение живое Дук имел;
Романы он любил, и может быть хотел
Халифу подражать Гаруну Аль-Рашиду.
Младой отшельницы подслушав весь рассказ,
В растроганном уме решил он тот же час
Не только наказать жестокость и обиду,
Но сладить кое-что... Он тихо в дверь вошел,
Девицу отозвал и в уголок отвел.
"Я слышал всё, - сказал, - ты похвалы достойна,
Свой долг исполнила ты свято; но теперь
Предайся ж ты моим советам. Будь покойна,
Всё к лучшему придет; послушна будь и верь".
Тут он ей объяснил свое предположенье
И дал прощальное свое благословенье.

II

Друзья! поверите ль, чтоб мрачное чело,
Угрюмой, злой души печальное зерцало,
Желанья женские навеки привязало
И нежной красоте понравиться могло?
Не чудно ли? Но так. Сей Анджело надменный,
Сей злобный человек, сей грешник - был любим
Душою нежною, печальной и смиренной,
Душой отверженной мучителем своим.
Он был давно женат. Летунья легкокрила,
Младой его жены молва не пощадила,
Без доказательства насмешливо коря;
И он ее прогнал, надменно говоря:
"Пускай себе молвы неправо обвиненье,
Нет нужды. Не должно коснуться подозренье
К супруге кесаря". С тех пор она жила
Одна в предместии, печально изнывая.

Об ней-то вспомнил Дук, и дева молодая
По наставлению монаха к ней пошла.

III

    Марьяна под окном за пряжею сидела
И тихо плакала. Как ангел, Изабела
Пред ней нечаянно явилась у дверей.
Отшельница была давно знакома с ней
И часто утешать несчастную ходила.
Монаха мысль она ей тотчас объяснила.
Марьяна, только лишь настанет ночи мгла,
К палатам Анджело идти должна была,
В саду с ним встретиться под каменной оградой
И, наградив его условленной наградой,
Чуть внятным шопотом, прощаяся, шепнуть
Лишь только то: теперь о брате не забудь.
Марьяна бедная сквозь слезы улыбалась,
Готовилась дрожа - и дева с ней рассталась.

IV

    Всю ночь в темнице Дук последствий ожидал
И, сидя с Клавдио, страдальца утешал.
Пред светом снова к ним явилась Изабела.
Всё шло как надобно: сей час у ней сидела
Марьяна бледная, с успехом возвратясь
И мужа обманув. Денница занялась -
Вдруг запечатанный приказ приносит вестник
Начальнику тюрьмы. Читают: что ж? Наместник
Немедля узника приказывал казнить
И голову его в палаты предъявить.

V

    Замыслив новую затею, Дук представил
Начальнику тюрьмы свой перстень и печать
И казнь остановил, а к Анджело отправил

Другую голову, велев обрить и снять
Ее с широких плеч разбойника морского,
Горячкой в ту же ночь умершего в тюрьме,
А сам отправился, дабы вельможу злого,
Столь гнусные дела творящего во тьме,
Пред светом обличить.

VI

Едва молва невнятно
О казни Клавдио успела пробежать,
Пришла другая весть. Узнали, что обратно
Ко граду едет Дук. Народ его встречать
Толпами кинулся. И Анджело смущенный,
Грызомый совестью, предчувствием стесненный
Туда же поспешил. Улыбкой добрый Дук
Приветствует народ, теснящийся вокруг,
И дружно к Анджело протягивает руку.
И вдруг раздался крик - и прямо в ноги Дуку
Девица падает. "Помилуй, государь!
Ты щит невинности, ты милости алтарь,
Помилуй!..." - Анджело бледнеет и трепещет
И взоры дикие на Изабелу мещет...
Но победил себя. Оправиться успев,
"Она помешана, - сказал он, - видев брата
Приговоренного на смерть. Сия утрата
В ней разум потрясла..."
Но обнаружа гнев
И долго скрытое в душе негодованье,
"Всё знаю, - молвил Дук; - всё знаю! наконец
Злодейство на земле получит воздаянье.
Девица, Анджело! за мною, во дворец!"

VII

У трона во дворце стояла Мариана
И бедный Клавдио. Злодей, увидев их,
Затрепетал, челом поникнул и утих;
Все объяснилося, и правда из тумана

242

Возникла; Дук тогда: "Что, Анджело, скажи,
Чего достоин ты?" Без слез и без боязни
С угрюмой твердостью тот отвечает: "Казни.
И об одном молю: скорее прикажи
Вести меня на смерть".

        "Иди, - сказал властитель, -
Да гибнет судия - торгаш и обольститель".
Но бедная жена, к ногам его упав,
"Помилуй, - молвила, - ты, мужа мне отдав,
Не отымай опять; не смейся надо мною".
- "Не я, но Анджело смеялся над тобою,
Ей Дук ответствует, - но о твоей судьбе
Сам буду я пещись. Останутся тебе
Его сокровища, и будешь ты награда
Супругу лучшему". - "Мне лучшего не надо.
Помилуй, государь! не будь неумолим,
Твоя рука меня соединила с ним!
Ужели для того так долго я вдовела?
Он человечеству свою принес лишь дань.
Сестра! спаси меня! друг милый, Изабела!
Проси ты за него, хоть на колени стань,
Хоть руки подыми ты молча!"

        Изабела.
Душой о грешнике, как ангел, пожалела
И пред властителем колена преклоня,
"Помилуй, государь, - сказала. - За меня
Не осуждай его. Он (сколько мне известно,
И как я думаю) жил праведно и честно,
Покаместь на меня очей не устремил.
Прости же ты его!"

        И Дук его простил.

ТАЗИТ

Не для бесед и ликований,
Не для кровавых совещаний,

Не для расспросов кунака,
Не для разбойничей потехи
Так рано съехались адехи
На двор Гасуба старика.
В нежданой встрече сын Гасуба
Рукой завистника убит
Вблизи развалин Татартуба.
В родимой сакле он лежит.
Обряд творится погребальный.
Звучит уныло песнь муллы.
В арбу впряженные волы
Стоят пред саклею печальной.
Двор полон тесною толпой.
Подъемлют гости скорбный вой
И с плачем бьют нагрудны брони,
И, внемля шум небоевой,
Мятутся спутанные кони.
Все ждут. Из сакли наконец
Выходит между жен отец.
Два узденя за ним выносят
На бурке хладный труп. Толпу
По сторонам раздаться просят.
Слагают тело на арбу
И с ним кладут снаряд воинской:
Неразряженную пищаль,
Колчан и лук, кинжал грузинской
И шашки крестовую сталь,
Чтобы крепка была могила,
Где храбрый ляжет почивать,
Чтоб мог на зов он Азраила
Исправным воином восстать.

    В дорогу шествие готово,
И тронулась арба. За ней
Адехи следуют сурово,
Смиряя молча пыл коней...
Уж потухал закат огнистый,
Златя нагорные скалы,
Когда долины каменистой
Достигли тихие волы.
В долине той враждою жадной

Сражен наездник молодой,
Там ныне тень могилы хладной
Воспримет труп его немой...

Уж труп землею взят. Могила
Завалена. Толпа вокруг
Мольбы последние творила.
Из-за горы явились вдруг
Старик седой и отрок стройный.
Дают дорогу пришлецу -
И скорбному старик отцу
Так молвил, важный и спокойный:
"Прошло тому тринадцать лет,
Как ты, в аул чужой пришед,
Вручил мне слабого младенца,
Чтоб воспитаньем из него
Я сделал храброго чеченца.
Сегодня сына одного
Ты преждевременно хоронишь.
Гасуб, покорен будь судьбе.
Другого я привел тебе.
Вот он. Ты голову преклонишь
К его могучему плечу.
Твою потерю им заменишь -
Труды мои ты сам оценишь,
Хвалиться ими не хочу".

Умолкнул. Смотрит торопливо
Гасуб на отрока. Тазит,
Главу потупя молчаливо,
Ему недвижим предстоит.
И в горе им Гасуб любуясь,
Влеченью сердца повинуясь,
Объемлет ласково его.
Потом наставника ласкает,
Благодарит и приглашает
Под кровлю дома своего.
Три дня, три ночи с кунаками
Его он хочет угощать
И после честно провожать
С благословеньем и дарами.

Ему ж, отец печальный мнит,
Обязан благом я бесценным;
Слугой и другом неизменным,
Могучим мстителем обид.

*

Проходят дни. Печаль заснула
В душе Гасуба. Но Тазит
Всё дикость прежнюю хранит.
Среди родимого аула
Он как чужой; он целый день
В горах один; молчит и бродит.
Так в сакле кормленый олень
Всё в лес глядит; всё в глушь уходит.
Он любит - по крутым скалам
Скользить, ползти тропой кремнистой,
Внимая буре голосистой
И в бездне воющим волнам.
Он иногда до поздней ночи
Сидит, печален, над горой,
Недвижно в даль уставя очи,
Опершись на руку главой.
Какие мысли в нем проходят?
Чего желает он тогда?
Из мира дольнего куда
Младые сны его уводят?...
Как знать? Незрима глубь сердец.
В мечтаньях отрок своеволен,
Как ветер в небе...
                    Но отец
Уже Тазитом недоволен.
"Где ж, - мыслит он, - в нем плод наук,
Отважность, хитрость и проворство,
Лукавый ум и сила рук?
В нем только лень и непокорство.
Иль сына взор мой не проник,
Иль обманул меня старик".

*

Тазит из табуна выводит
Коня, любимца своего.
Два дни в ауле нет его,
На третий он домой приходит

Отец.

Где был ты, сын?
Сын.

                    В ущельи скал,
Где прорван каменистый берег,
И путь открыт на Дариял.

Отец.

Что делал там?

Сын.

                    Я слушал Терек.

Отец.

А не видал ли ты грузин
Иль русских?

Сын.

                    Видел я, с товаром
Тифлисской ехал армянин.

Отец.

Он был со стражей?

Сын.

                    Нет, один.

247

Отец.

Зачем нечаянным ударом
Не вздумал ты сразить его
И не прыгнул к нему с утеса? -
Потупил очи сын черкеса,
Не отвечая ничего.

*

Тазит опять коня седлает,
Два дня, две ночи пропадает,
Потом является домой.

Отец.

Где был?

Сын.

За белою горой.

Отец.

Кого ты встретил?

Сын.

На кургане
От нас бежавшего раба.

Отец.

О милосердая судьба!
Где ж он? Ужели на аркане
Ты беглеца не притащил? -

- Тазит опять главу склонил.
Гасуб нахмурился в молчанье,
Но скрыл свое негодованье.

"Нет, мыслит он, не заменит
Он никогда другого брата.
Не научился мой Тазит,
Как шашкой добывают злато.
Ни стад моих, ни табунов
Не наделят его разъезды.
Он только знает без трудов
Внимать волнам, глядеть на звезды,
А не в набегах отбивать
Коней с ногайскими быками
И с боя взятыми рабами
Суда в Анапе нагружать".

*

Тазит опять коня седлает.
Два дня, две ночи пропадает.
На третий, бледен, как мертвец,
Приходит он домой. Отец,
Его увидя, вопрошает:
"Где был ты?"

Сын.

Около станиц
Кубани, близ лесных границ
- - - - - - - - - - -

Отец.

Кого ты видел?

Сын.

Супостата.

Отец.

Кого? кого?

Сын.

Убийцу брата.

Отец.

Убийцу сына моего!...
Приди!... где голова его?
Тазит!... Мне череп этот нужен.
Дай нагляжусь!
Сын.

Убийца был
Один, изранен, безоружен...

Отец.

Ты долга крови не забыл!...
Врага ты навзничь опрокинул,
Не правда ли? ты шашку вынул,
Ты в горло сталь ему воткнул
И трижды тихо повернул,
Упился ты его стенаньем,
Его змеиным издыханьем...
Где ж голова?... подай... нет сил...

- Но сын молчит, потупя очи.
И стал Гасуб чернее ночи
И сыну грозно возопил:

"Поди ты прочь - ты мне не сын,
Ты не чеченец - ты старуха,
Ты трус, ты раб, ты армянин!
Будь проклят мной! поди - чтоб слуха
Никто о робком не имел,
Чтоб вечно ждал ты грозной встречи,
Чтоб мертвый брат тебе на плечи
Окровавленной кошкой сел
И к бездне гнал тебя нещадно,
Чтоб ты, как раненый олень,
Бежал, тоскуя безотрадно,
Чтоб дети русских деревень
Тебя веревкою поймали

И как волченка затерзали,
Чтоб ты... Беги... беги скорей,
Не оскверняй моих очей!"
- Сказал и на земь лег - и очи
Закрыл. И так лежал до ночи.
Когда же приподнялся он,
Уже на синий небосклон
Луна, блистая, восходила
И скал вершины серебрила.
Тазита трижды он позвал.
Никто ему не отвечал...

*

Ущелий горных поселенцы
В долине шумно собрались -
Привычны игры начались.
Верьхами юные чеченцы
В пыли несясь во весь опор,
Стрелою шапку пробивают,
Иль трижды сложенный ковер
Булатом сразу рассекают.
То скользкой тешатся борьбой,
То пляской быстрой. Жены, девы
Меж тем поют - и гул лесной
Далече вторит их напевы.
Но между юношей один
Забав наезднических не делит,
Верьхом не мчится вдоль стремнин,
Из лука звонкого не целит.
И между девами одна
Молчит уныла и бледна.
Они в толпе четою странной
Стоят, не видя ничего.
И горе им: он сын изгнанный,
Она любовница его...

О, было время!... с ней украдкой
Видался юноша в горах.
Он пил огонь отравы сладкой
В ее смятеньи, в речи краткой,

251

В ее потупленных очах,
Когда с домашнего порогу,
Она смотрела на дорогу,
С подружкой резвой говоря -
И вдруг садилась и бледнела
И, отвечая, не глядела
И разгоралась, как заря -
Или у вод когда стояла,
Текущих с каменных вершин,
И долго кованый кувшин
Волною звонкой наполняла.
- И он, не властный превозмочь
Волнений сердца, раз приходит
К ее отцу, его отводит
И говорит: "Твоя мне дочь
Давно мила. По ней тоскуя,
Один и сир, давно живу я.
Благослови любовь мою.
Я беден - но могуч и молод.
Мне труд легок. Я удалю
От нашей сакле тощий голод.
Тебе я буду сын и друг
Послушный, преданный и нежный,
Твоим сынам кунак надежный,
А ей - приверженный супруг".

СПИСОК